建立优质的亲子关系

刘思瑾 编著

北方文艺出版社

2022年·哈尔滨

图书在版编目（CIP）数据

建立优质的亲子关系 / 刘思瑾编著 . -- 哈尔滨：北方文艺出版社, 2022.1
ISBN 978-7-5317-5346-9

Ⅰ.①建… Ⅱ.①刘… Ⅲ.①亲子关系 – 家庭教育 Ⅳ.①G78

中国版本图书馆 CIP 数据核字 (2021) 第 205728 号

建立优质的亲子关系
JIANLI YOUZHI DE QINZI GUANXI

作　者 / 刘思瑾	
责任编辑 / 侯文妍	封面设计 / 深圳·弘艺文化
出版发行 / 北方文艺出版社	邮　编 / 150008
发行电话 /（0451）86825533	经　销 / 新华书店
地　址 / 哈尔滨市南岗区宣庆小区 1 号楼	网　址 / www.bfwy.com
印　刷 / 哈尔滨午阳印刷有限公司	开　本 / 880mm × 1230mm　1/32
字　数 / 72 千	印　张 / 5.25
版　次 / 2022 年 1 月第 1 版	印　次 / 2022 年 1 月第 1 次印刷
书　号 / ISBN 978-7-5317-5346-9	定　价 / 42.00 元

前言

好的亲子关系优于教育，是家庭教育的起点。凡是温馨和睦的家庭，父母和孩子之间必定有着美好、稳定的亲子关系。这样的家庭，所有的问题对他们来说都不是问题，也不需要来自外界所谓的"教育专家"的指导和指引。

"教育最重要的一条就是亲子关系，亲子关系出了问题，孩子就一定出问题。"和谐的亲子关系是一切好教育的基础。当我们善于与孩子相处时，孩子才会把我们当朋友，才会向我们敞开心扉，只要孩子把内心的真实想法说出来，就没有解决不了的问题，就没有什么可怕的事，就可以避免出现更严重的后果。从某种意义上讲，亲子关系既是一项难以驾驭的科学，又是一门讲究科学的艺术。

我们的孩子为什么会叛逆？为什么写作业拖沓？为什么情绪很容易失控？为什么总喜欢玩游戏？为什么缺乏安全感，又暴躁又霸道……为什么有些家长和孩子总是冲突不断？那是因为他们把力气用错了地方。绝大多数的亲子冲突都是不良亲子关系引起的，与其督促、控制孩子，不如先和孩子建立良好的关系。亲子关系改善了，孩子的问题基本就解决了。

在孩子心里，再贵的玩具、再漂亮的衣服都不及父母的陪伴；再会带孩子的爷爷奶奶，都比不上爸爸妈妈的陪伴。所谓陪伴孩子，也并不是说要我们 24 小时守在孩子身边。与孩子在一起，哪怕只是眼神的交流，或与孩子简单的几句对话，或是和孩子玩耍片刻，都会让孩子感受到父母的关注，这会给孩子内心带来极大的满足感和安全感。父母的参与度，其实就是对孩子的接纳和尊重，是爱孩子的最高体现。

高质量的陪伴并不仅仅是我们和孩子同处一个空间，而是我们能"看到"孩子，接受孩子有情绪，接受孩子会犯错，理解孩子行为背后的原因，能听得懂孩子的抱怨，并且愿意花时间跟孩子接触，帮助孩子解决问题。

目 录

第一章

优质的亲子关系是家庭教育成功的基础

亲子关系的重要意义 / 002
什么是良好的亲子关系 / 005
不利于成长的亲子关系 / 009
什么样的家庭模式会造就不健康的孩子 / 014

第二章

最应重视的亲子关系问题

放下以爱为名的控制 / 020

正视"亲情冷漠症" / 025

别让不信任毁掉亲子关系 / 032

低质量的陪伴是一种伤害 / 036

别让焦虑摧毁亲子关系 / 043

别让失败的婚姻伤害孩子 / 048

别让孩子成为棍棒之下的受害者 / 050

不要让孩子拿学习讲条件 / 057

希望我们互相尊重又彼此独立 / 064

最好的教育,是父母永不放弃自我成长 / 069

第三章

良性亲子互动，激发孩子的潜力

把握孩子成长的五个黄金期 / 076

培养乐观思维，人生无往不胜 / 080

一诺千金，从父母做起 / 086

爱做作业，爱上学习 / 088

改变拖延的最小行动 / 091

专注力，孩子未来的核心竞争力 / 095

孩子的自控力如何养成 / 099

挫折教育是人生的必修课 / 105

让孩子树立正确的金钱观 / 109

第四章

高质量的陪伴，胜过朝夕相处

做好情绪引导，让亲子沟通更顺畅 / 114
带孩子去旅行，让亲子关系更亲密 / 116
陪孩子玩游戏，激发头脑活力 / 120
放下手机，才能陪好孩子 / 126
不负时光，和孩子一起运动 / 129
亲子阅读，增进感情 / 131
别唠叨，那会把孩子推得更远 / 135

第五章

父亲的爱,不可替代

父爱是亲子教育的重要力量 / 142

父亲别轻易缺席 / 146

爸爸带娃,娃不仅"活着",还更聪明 / 151

爸爸如何和孩子建立良好关系 / 157

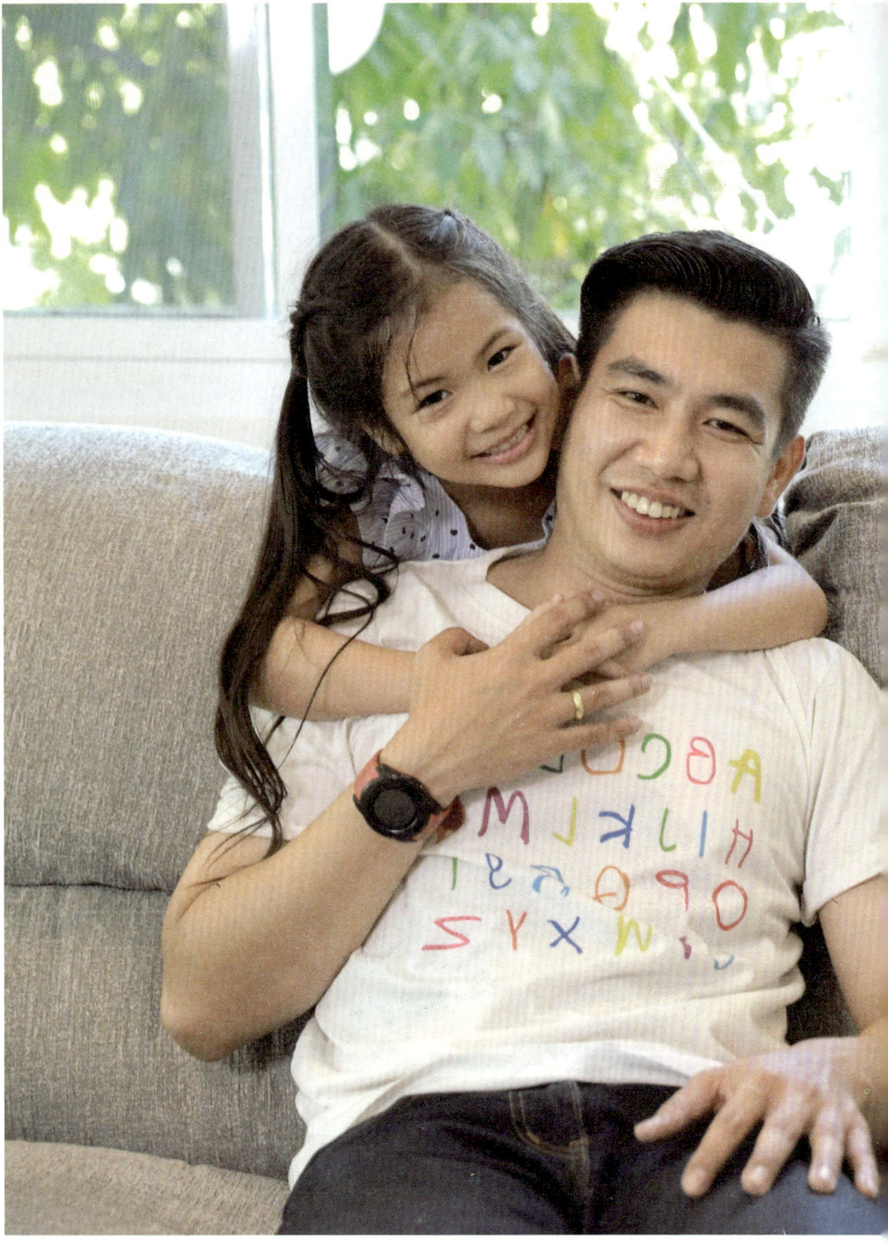

第一章

优质的亲子关系
是家庭教育成功的基础

亲子关系不仅是教育的基础,也是教育的内容,好的亲子关系本身就是好的教育。良好的亲子关系就是互相尊重、互相理解、互相帮助、互相信任,共同成长。

建立优质的亲子关系

亲子关系的重要意义

良好的亲子关系是个体发展的根本力量,对孩子日后的人格塑造和社会适应能力都有着重要的作用。反之,亲子关系不好或缺失,则会使孩子从小就陷于发展的劣势。这些孩子长大后更容易出现心理问题。

好的亲子关系优于教育

好的亲子关系优于教育,是家庭教育的起点。很多父母总想通过种种先进的教育让孩子独立、让孩子优秀,然而却忽略了:我们首先是一个生命与另一个生命的亲密组合,我们与孩子先有关系，后有教育。通过与父母的联结，孩子感受到自己的存在，感受到爸爸妈妈是爱他的，他能够感受到一种稳定的安全感。然后，他才能够放心地感受自己内在生命需要建构的部分。如果孩子跟父母能保持一个随时可以联结的状态，他就有勇气去体验那些对他来讲可能会有恐惧、焦虑和担心的事情。那份联结对他来讲是一种力量、是一种支持。

良好的亲子关系是孩子自我发展的源头，孩子天生渴望被父母"看见"。当父母与孩子建立了良好的亲子关系，他不用花很多的时间去找"父母"，孩子能够从父母身上获得成长的力量，能够完全去释放和建构自己，释放自己的生命力。当一个孩子的生命力展开了，想不优秀都难。

亲子关系是孩子爱的源泉

美国科学家哈利·哈洛曾做了一系列恒河猴实验。哈洛用铁丝缠成了一个代理妈妈，在她的胸前放了一个可以提供奶水的装置；同时又制作了一个缠上绒布并塞满棉花，但是没有放置任何可以满足小猴饥饿需求的装置。随后，他将这两位"妈妈"和一群小恒河猴关在一个笼子里，观察这些小猴子们的行为。经过一段时间的观察，哈洛发现了令人惊讶的现象：

小猴子们大部分的时候都愿意和布妈妈共处，只有在饿的时候才会去有奶水的"铁妈妈"那里，吃饱喝足后又会回到布妈妈的怀抱中，紧紧抓住不放。而且一旦发生惊吓或者紧急事件，小

建立优质的亲子关系

恒河猴第一时间会奔向布妈妈的怀抱,从布妈妈温暖的接触中得到安慰。

实验并未结束,哈洛发现那些由布妈妈抚养长大的小猴子之后出现了类似孤独症的现象,不能融入种群,也不能繁育后代。后来即便通过人工方式生出小猴子,这些猴妈妈对自己的孩子也异常冷漠,甚至会杀死自己的孩子。

他通过一系列的实验说明:母亲和孩子之间的亲密关系,是促使一个人正常且健康成长的重要因素。孩子有安全感,感知爱,能爱人,父母是最初的源头。

科学研究表明,人在幼年与父母之间的亲密关系的建立,影响着其一生的爱和安全感。对于一个孩子来说,没有安全感,没有感知爱的能力,是一件非常可怕的事情。

从心理学角度来说,我们童年遭遇的亲子关系会内化到我们的心里,成为内在的关系模式,这一整套内在的关系模式形成了我们的性格,决定着我们的命运。

比起教育,亲子关系才是最重要的,是孩子爱的源泉。

社会学研究表明,决定一个孩子未来发展的最关键因素,不是学校教育,而是家庭教育。父母是孩子最好的老师,会给孩子树立榜样,是孩子的镜子。亲子关系好比是联结孩子与父母的心灵管道,管道出了问题,孩子的心灵就没有了家,教育就会出现各种各样的问题。好的亲子关系,才是教育的根,是决定孩子一生幸福的底层密码。

什么是良好的亲子关系

孩子最重要的早期关系是与父母的关系。积极的亲子关系有助于孩子了解这个世界,孩子想知道的有很多,例如这个世界是否安全可靠、他们是否被爱、他们爱着什么,当他们哭、笑或出现其他情绪时会发生什么等。良好的亲子关系是一种相对自由、和谐、彼此尊重的关系,在这个过程中,父母更多的是靠引导教育孩子。

"教育学首先是关系学。"只有先具备良好的关系,真正的教育才会发生,否则,还没开始就已经结束了。在家庭教育中,什么是良好的亲子关系呢?

良好的亲子关系是独立个体之间的关系

虽然孩子出生伊始无法独立生存,需要父母抚养和帮助,但从实质上来讲,其仍然是两个独立个体之间的关系。因为,彼此

建立优质的亲子关系

是完全不同的生命体，分别有着独立的意志和精神。尽管孩子的精神和意志是在成长的过程中逐渐构建的，他们需要从现实生活中的父母（主要抚养人）身上去汲取足够的养分，但他们并不是必须依附于父母而存在的。这一点，只要想一下孩子的抚养人并非必须是父母，他们仍然可以长大成人，就足以说明独立的本质。

孩子需要父母尊重他是独立的个体，而非父母的附属。他的思想、感受、所有物都需要成人的尊重。在他专注于一件事情时，不去打扰他，便是一种尊重；叫他时，口气轻柔些，也是一种尊重。这些点点滴滴的尊重所带给孩子的自我价值感，对孩子的一生都是非常重要的。

尊重是平等相待的心态及其言行。有时候家长需要暂时抛开长辈的身份，把孩子看作独立的个体，与孩子平等地相处。孩子犯错误或者情绪不稳定的时候，父母需要先耐心地倾听孩子所想，而不是责骂为先。这样才能让孩子对父母敞开心扉，父母也才能够了解孩子的真实想法，才能走进孩子的内心。

良好的亲子关系是父母与子女之间的"信任"关系

没有信任做基石，父母与子女之间的沟通不仅充满了障碍，还会产生更多的不信任。原因是，由于缺乏信任，父母与子女对彼此之间沟通的立场、内容和目的都会产生质疑、抵触，进而导致沟通是无效的，而真正的教育也就根本不会发生了。反倒是，猜忌、怀疑和反抗会让亲子之间渐行渐远，隔阂越来越深。

用心陪伴孩子，成为孩子的"重要他人"

在孩子心里，再贵的玩具，再漂亮的衣服，都不及父母的陪伴；再会带孩子的爷爷奶奶，都比不上爸爸妈妈的陪伴。所谓陪伴孩子，也并不是说要我们 24 小时守在孩子身边。陪伴孩子，不在于时间长短，在于用心。比如设立"特别时光"，在这个时间里全身心地陪伴孩子。跟孩子一起共读一本书，一起做游戏。童年时期是父母与孩子建立亲子关系的重要时期。趁一切还来得及，停下来，慢一点儿，给孩子一点儿时间，用心地陪伴他。

父母恩爱，情绪稳定

良好的家庭情绪氛围有利于形成安全、亲密的亲子关系，而紧张的家庭情绪氛围则会导致孩子出现不安全感，进而引起亲子关系的疏远和紧张。社会学习理论认为，儿童会以父母在婚姻中

建立优质的亲子关系

的交往行为作为榜样,把习得的行为带入亲子交往或家庭之外的交往中,从而引发亲子冲突或同伴冲突。

儿童时期的亲子关系对孩子性格的养成,与人交往的模式,表达爱和感受爱的能力,都起到决定性的作用。良好的亲子关系也会让孩子更有安全感,成为充满爱与正能量的人。就像日本品川孝子先生说的:"孩子与家长的关系是孩子一生转变的关键,也是将来他们踏入社会,待人接物的基本依据,关心你的孩子,别忘了重视你与孩子的关系。"

不利于成长的亲子关系

家庭教育以及相处模式对孩子健康的性格养成和发展有着很大的影响。处理好了,家长能省不少心,孩子也能在日后的学习生活中积极向上、乐观开朗,能处理好和同学、朋友的关系,勇敢面对困难和挫折;处理不好,家长可能就要为孩子的冷漠、自私、任性而烦恼了,亲子关系也可能越来越差。

期待型

不良后果:胆小、畏缩、少自信

楠楠从小就听到妈妈在耳边说"妈妈一辈子的心愿就寄托在你身上了""你是妈妈的希望,一定要努力学习,考上名牌大学弥补妈妈的遗憾"……现在,一考试,楠楠就特别紧张,担心自己考不好,甚至睡不着觉,眼前老是出现妈妈期待的眼神。

父母容易对孩子以支配的方式进行教育,这种方式被称为期待型亲子关系。这样的父母对孩子虽有爱,但常以严厉、顽固、强迫的态度或禁止、命令的方式来监督孩子,或者把自己的夙愿、

建立优质的亲子关系

希望投射在孩子身上,忽视孩子的能力与性格,希望孩子完全遵从父母的要求和标准去做。用过高的期望要求和监督孩子,孩子容易变得敏感,性格胆小畏缩,缺乏自信,独立性差,做事缺乏主动性,不善与人交往。他们情绪不稳定、易自卑,严重时甚至会出现抑郁症状。

针对这样的亲子关系,建议家长不要以大人的尺度去衡量孩子,用成人的眼光给孩子制定目标;不要把孩子当成实现自己心愿的法宝,让孩子自己决定人生;不要使用下命令的方法教育孩子,而要用沟通、引导的方法和孩子交流。

干涉型

> **不良后果:缺乏主见、难独立**
>
> 有的孩子从小到大,除了学习,什么事都不用管。吃什么穿什么,和谁玩儿,都是爸爸妈妈说了算。甚至上了初中、高中,父母担心他上网、早恋,每天都接送,出去玩一会儿就打个电话问问。这类孩子就像父母手中的"娃娃",完全不能自主、不能独立。

干涉型亲子关系是另一种常见的不良亲子关系,占不良亲子关系的30%~40%。家长用一种保护的态度对待孩子,为了使孩子变得更好而细心照顾,尽量给予帮助和嘱咐。有的家长甚至对孩子的学习、健康、前途等过分担忧，但是，由于过分保护，孩子的社会适应性差，缺乏独立思考能力和创新意识。由于习惯依赖父母，他们做事没有主见，犹豫不决；心理承受能力差，遇到困难容易灰心沮丧，甚至焦虑不安。此外，这样的孩子到青春期容易出现对抗行为，对父母和老师的要求故意反着做，以致学习成绩下降。

对此，家长在日常生活中首先要给予孩子信任，让孩子有机会对自己负责，可以让孩子适当吃点苦；其次，应根据孩子的年龄和特点，逐渐放手，不断调整亲子关系，制定适合孩子情况的发展目标；最后，不要把孩子当成自己的"私人财产"，要懂得尊重孩子，让孩子有做决定的机会。

溺爱型

不良后果：任性、自私、不礼貌

在溺爱型的家庭里，家长过度宠爱孩子，对孩子的要求无条件接受，想尽一切办法满足，即使孩子做错了，也要为其争辩。这些孩子就是家里的"小皇帝""小公主"，从生下来一家人都围着他转。家里人想尽办法让他高兴，有什么好吃的、好玩儿的都归他一人享用，玩具、衣服要什么买什么。如果看上的玩具当时没有给他买，他便坐在地上又哭又闹，委屈得不得了。

现在，大多数家庭都是四个老人加上两个家长共同爱一个孩子，溺爱已成为严重的社会问题，有人形象地称其为"四二一综合征"。这样的孩子总感觉自己高人一等、以自我为中心，容易形成任性自私、不懂礼貌、缺乏同情心等不良的性格特征。在人际交往中，他们缺乏责任感、不懂得关心别人，很难交到朋友，逐渐孤僻离群。

对此，家长首先应立即停止溺爱，建立正常的家庭规则；其次家庭里是非对错要分清，不能盲从孩子的行为；最后教导和鼓励孩子用平等的心态和他人交往。

矛盾型

> **不良后果：逆反、焦虑、易强迫**
> 菲菲爱爸爸也爱妈妈，但她有时候觉得左右为难。为她报什么培训班，爸爸妈妈已经吵了好几次了；爸爸说考80分去游乐园，妈妈偏说考90分才能去游乐园。菲菲到底该听谁的好？

矛盾型的家庭，常表现为对孩子的管教态度缺乏一致性，同一行为有时斥责、禁止，有时却宽恕、勉励。父母管教态度不一致也是矛盾的一种表现，例如父亲严厉，而母亲放纵；父亲斥责子女时，母亲却来阻止。

在大多数中国家庭中，母亲负担更多教养孩子的责任，对细节更为关注，对孩子的要求也更严格；父亲则相对宽松，因此，多数孩子抱怨"妈妈很烦，太唠叨"，容易产生逆反心理。时间一长，父母态度不一致还会令孩子无所适从，做事难以做决定，甚至出现焦虑情绪和强迫症状。

对此，父母双方都要承担教育孩子的责任，统一教育目标，保持对孩子教育态度的一致性；父母对孩子的表扬与批评要有一贯性，不能自相矛盾；父母最不应该的是将家庭的纷争、摩擦、矛盾迁移到孩子身上。

★ 建立优质的亲子关系

什么样的家庭模式会造就不健康的孩子

健康的家庭,就像一个健康的系统,会以一个规律的状态运行下去,让家庭中的每一位成员都能够幸福舒适。不健康的家庭,就好比充满病毒的系统,越运行,问题越多,还会损坏其他部件,让家庭中的每一位成员都"生病",变得"扭曲"。

烦丈夫,爱儿子

这样的家庭,妈妈一般都比较强势,爸爸则比较老实。妈妈会对爸爸各种不满意:钱没有别人挣得多,人没有别人家老公长得帅,不会说甜言蜜语,不会哄人等。等到有了孩子,特别是儿子之后,就会把所有的情感倾注到儿子身上,爸爸则成了一个可有可无的人。等到儿子上大学的时候,不是考虑哪所学校更好、更适合儿子,而是看哪所学校离家离得近;等儿子毕业之后,想各种办法,找各种关系,给儿子在家所在的城市找一份工作;如果儿子留在了其他城市,则有可能会背井离乡,到儿子身边去照顾。

"没"丈夫,爱儿子

这可以用媒体已经说烂了的一个词语来概括:丧偶式育儿。因为除了提交每个月的工资之外,爸爸在这个家里几乎没有任何参与感。妈妈在这样的"丧偶"情形当中,更是把儿子抓得紧紧的。

很多妈妈觉得，儿子才是自己生活下去的精神支柱。这种亲子关系，孩子小的时候还看不到太大的伤害，但是如果儿子已经长大成人，做妈妈的还是不能够放手，其后果轻则扰乱孩子的生活，重则可能毁掉孩子的事业和人生。

太愚孝，轻妻子

一直在亲密无间的母子关系当中长大的儿子，结婚生子之后，每当婆媳之间有冲突时，他明明内心里知道妻子受了很大的委屈，但是在实际的言语和行动上，仍旧会站在父母的一边，劝妻子大度一些，能够和自己一样孝顺老人。于是，儿子就会在家人面前，觉得妻子做得不对；但是在妻子面前，又觉得家人有点太过分。而他自己，则是左右为难，什么也做不了。其实，儿子应该明白，他才是联结妻子和家人的枢纽，他才是妈妈和妻子争夺的对象，他才是化解这场冲突的根本所在。一味地逃避责任，

★ 建立优质的亲子关系

希望做好先生并尽可能满足双方要求的时候,婆媳之间的冲突会永无休止。

用工作逃避家庭

有很多的家庭,父母在外拼命地工作,把孩子和伴侣忽略了。他们为什么要拼命地工作呢?家庭是一个少讲理、多用情的地方,很容易展示最真实的自我。如果家长经常在家,孩子就没有办法控制自己,会在家庭情感里表现出自己的脆弱。当一个人不想处理自己的问题和面对自己无能的部分时,他就会找更轻松的、更容易的方式逃避。比如,在外面跟别人玩儿,要安全得多。

很多孩子被父母的过度勤奋工作给"毁"了,孩子被一直忽略。这样的父母好像为社会、国家、公司做了所谓的很大的贡献,但是亏欠伴侣和孩子却太多。当我们尚且处理不好自己小家的关系,不

能让自己最亲近的人感受到幸福,我们所做的一切到底是为何?

隔代卷入、越位

一个没有分化好的男人跟一个没有分化好的女人结婚,然后有了一个孩子,这个家庭就有可能是一种很"黏糊"的关系。因为他们内在都有很多没处理完的问题,也由于自己的内在没有长大,没有"断奶",所以他们会有意无意地邀请孩子的爷爷奶奶或者外公外婆进入家庭,这就是关系入侵。这样做,能够稀释家庭中新父母、夫妻所需要承担的责任,三代人像一锅粥一样在一个家庭的小锅里混乱地煮着。

事实上,夫妻作为一个家庭的核心轴,不管怎么样,要把这个轴守稳、守清楚,只要是这个轴在,这个家庭的根基就没有问题。然而很多家庭,将这个轴的权力拱手出让给孩子的爷爷奶奶或外公外婆,这样就可能导致孩子产生很多的内心冲突。

解决家庭问题的一个核心是:巩固夫妻联盟,一起抵御"外敌"。单从这个角度来做,一个家庭也不会出太大的问题。不过,很多人不愿意面对自己需要成长的现实,也不愿意承担起相应的责任,也不想让自己的父母退出自己的生活。还有很多人,认为让父母参与自己的生活才是"孝"。不论家庭中有多少纷争和鸡犬不宁,总之只要不让他去面对真正的问题就好。但是请想一想,如今你的家庭问题还少吗?你觉得幸福吗?所以,为了每个人真正的幸福,为了下一代的健康成长,要避免隔代卷入,这是很有必要的。

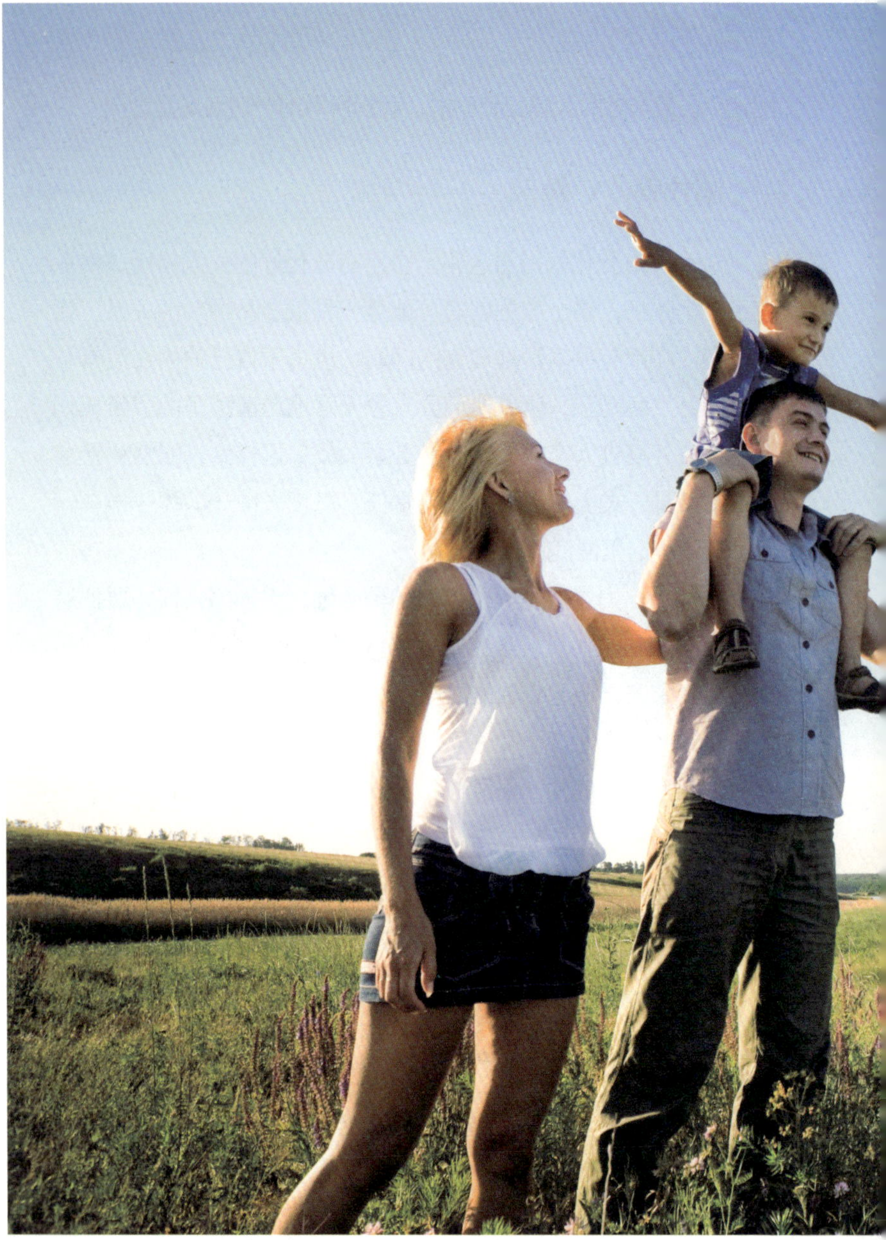

第二章

最应重视的亲子关系问题

对孩子最好的教育,是父母永不放弃自我成长。因此,父母应该做到放下以爱为名的控制,放下焦虑,放下怀疑,用信任拥抱孩子,和孩子之间互相尊重又彼此独立,正视孩子和父母之间出现的各种问题,让孩子健康成长。

建立优质的亲子关系

放下以爱为名的控制

一些孩子似乎不断受到来自父母的"心理控制":

"你做得都不对,我都是为了你好。"

"不让你去参加课外活动还不是为了让你多考几分?我这都是为了你好。"

"玩儿这个能多考10分吗?听我的,去学习,都是为了你好。"

不得不说,一些父母似乎就是天生的"心理控制"好手。他们总是能够找到一些对孩子的"不满",再对这种不满打上"为孩子好"的标签,然后肆无忌惮地向孩子输出自己的想法,直到将孩子完全控制。

随着孩子从父母那里获得的爱被打上了"为你好"的标签,孩子内心会长期处于内疚和不信任自己的状态。慢慢地,孩子就会在父母严密的"心理控制"下失去基本的思考和判断能力。

心理学家李雪指出:一个身体只能承受一个灵魂,如果父母的控制密不透风,实际上孩子已经"精神死亡"。

孩子的"精神死亡"

状态就是父母情感控制酿成的直接恶果。情感操纵的过程，其实是父母约束孩子按自己安排的轨道生活成长的过程。

什么是"情感操纵"

美国著名心理学博士丽莎·阿伦森·方特斯认为，一般人之间的交流和相互影响集中在表层意识的层次，将情感当作武器，出于某种目的，有意或者无意地影响别人的潜意识想法的过程，就是情感操纵。

情感操纵还有一种说法叫作PUA式交流，一般发生在相处关系不对称的场景中。就拿父母和孩子来说，因为孩子的生理发育和心理发育处于不完善的状态，在和父母的相处中，孩子就处于相对劣势的状态，这时父母作为交流强势方，如果将情感当作武器，很容易对孩子的潜意识造成影响。

丽莎·阿伦森·方特斯将这种影响称为"温水煮青蛙"，意思就是说，父母打着"为孩子好"的名义会损害孩子的自主性，让孩子长期处于一种不安的状态。这其实并不难理解，孩子原本有自己的路线，父母原本的任务是引导，如果添加了过多的控制因素，孩子自然会被带到父母既定的轨道中，最终对父母产生无限制的依恋。一开始为孩子好，最终却成了害子的毒药。

父母对孩子的情感操纵最主要表现在教育的"侵入性"上，父母通过"求饶"或者"威胁"等方式，引发孩子的内疚和害怕的情绪，同时将自己的想法灌输到孩子身上，从而实现操纵孩子的目的。

第一步：引发内疚

父母会向孩子表示自己的失望和伤心，通过这样的方法来引发孩子内心的内疚感，从而让孩子向父母妥协。

比如父母会和孩子说："你不好好学习，对得起我每天的辛苦吗？""我不都是为你好，你真让我失望。"——父母通过这样的方式会让孩子产生内疚感，在内疚感的控制下，孩子往往会向父母表示顺从。

第二步：情感威胁

在这一步中，父母的爱和养育之恩将会成为父母最常用的"武器"，父母会向孩子表示自己将要收回对孩子的爱，让孩子陷入"妈妈不爱我"的恐慌中。最常说的话就是："我不管你了，你自己想干什么就干什么吧，我就当白养了一个孩子。"

第三步：唯一权威

在经过上面两步的侵入式教育后，孩子的自我意识会减弱，他们会更大程度上选择依靠父母。这个阶段的父母往往在家里说一不二，成为家中的唯一权威。"你必须要按我说的去做。"几乎成为这个阶段的父母最常做的事情。

父母的情感操纵对孩子的影响

毁掉孩子的自主能力

情感操纵式父母更希望孩子能够按照自己的既定轨道规划生活。在这个过程中，因为缺少自主解决问题的机会，孩子自主判断的能力并没有得到很好的训练。依赖性强的他们就连融入新环境都显得很困难。

影响孩子将来的幸福感

伦敦大学的学者在《积极心理学期刊》上公布的一项研究成果显示：控制欲强的父母对孩子造成的影响甚至和痛失至亲对人们的负面影响相近。当父母不断"侵略"到孩子的领域，试图对孩子进行控制时，孩子内心空间会逐渐缩减，使孩子很难获得满足感和幸福感。

建立优质的亲子关系

学会教育对父母来说更重要

父母并不是出于本意地在孩子生下来就想让孩子变成被情感操纵的对象，只是一些父母不懂得教育孩子的正确方式，以至于在生活中选择情感操纵这种"方便""有效"的方式和孩子相处。

保证良好的家庭氛围

教育家苏霍姆林斯基说：教育技巧的全部奥秘也就在于如何爱护儿童。而爱护儿童恰恰是家庭氛围最基础的要求。父母应该为孩子营造一种充满爱的家庭环境，这里的爱并不是简单地爱孩子，包括父母之间、孩子和孩子之间的温馨关系等，都属于这里爱的范畴。

让孩子在充满爱的家庭环境中成长，孩子的内心发育自然会更加完善。

父母教育孩子的基础是交流

正如前面提到的一样，父母在孩子成长路上担任的角色是引导，而不是完全带着孩子走。父母要加强和孩子之间的交流，在遇到问题时，父母可以向孩子充分介绍情况，并说出自己的看法，让孩子自己思考，做出理性判断，而不是在父母的情感操纵下做出。比如在遇到孩子不爱读书的情况时，父母可以和孩子分析现在的能力和读书对孩子最直接的帮助，让孩子做一个主动解决问题的人，而非仅仅是"报答"父母情感的机器。

正视"亲情冷漠症"

与父母关系疏离,亲子关系淡漠的现象越来越普遍。有不少孩子都觉得,自己没有办法跟父母在房间里单独待着超过5分钟,他会觉得很不自在,或者希望他们不要到自己的房间里来。相信每个父母都很难接受,幼年时期那些对父母无比依恋的孩子,一下子变得跟父母形同陌路。到底是什么让他们出现如此改变呢?

是什么让孩子如此冷漠

强迫式亲子教育带来的负面效应

据一份调查统计:61%的中学生认为自己与父母存在矛盾;

82%的中学生认为家中有一个人最啰唆；认为在家得不到尊重，父母经常不与自己交流的中学生有15.2%。

很多孩子的父母对孩子从小要求很高，学习要努力，成绩要排在班级前三名，除了上学、补课，业余时间还要学钢琴、绘画、奥数，用他们的话来讲，就是"艺多不压身"，可是他们没有考虑到孩子内心的感受和实际承受的能力。

很多父母在对孩子的教育中，打着"为孩子能有更好的未来"的旗号，不断用强迫的方式要求孩子提高生存技能，这些强迫的方式包括：责打、呵斥、漠视、嫌恶，以及唠叨。被强迫的痛苦体验会给孩子的心灵带来极大的伤害，他们感觉父母和老师把自己当成了"分数的机器"，甚至是他们满足自己虚荣心的工具。这种体验使孩子变得冷漠、孤独、自私，无法拥有驾驭爱的能力，甚至产生反社会的倾向。

过度被爱让孩子失去爱的能力

现在，大多数的父母都会把子女的抚育问题当成家庭中的第一要事，凡事以孩子为先，似乎成为每个立志成为好父母的家庭的第一要务。即便很多家长工作繁忙疏于陪伴，但也都是以为孩子创造更好的生活条件为前提。因此，现在的孩子得到父母关爱的指数恐怕达到有史以来的最高值。

然而，孩子真的认为自己得到莫大的幸福吗？并不。很多孩子觉得妈妈那么忙还要每天做饭洗衣，爸爸在外面挣钱养家，并不是他们多不容易，而是觉得爸爸妈妈做这些是天经地义，是很正常的事情，自己以后也会这样，这并不是爱。

其实，爱是流动的能量，有付出亦有接纳，如果只是单向地流动，没有任何回馈，爱就会淤积，而接受的一方也会变得麻木，感受不到爱。

孩子在被他人需要时，感受到一个幼小生命的意义。成人注视并强调了这种价值，他们就感悟到深深的爱意，在尝试给予的同时，他们懂得了什么是接受。

健康和谐的亲子关系强调父母、孩子在情感沟通的基础上实现互动。从小健康有效的亲情教育与和谐融洽的亲子关系能让孩子建立一个安全型的依恋关系，形成强有力的情感支持后盾，从而促进其健康人格与健康社会交往模式的形成。

现代教育心理学的研究则进一步证明，3～5岁是幼儿开始学习自我控制、学习掌握各种规矩和要求的关键期。但是很多家长误以为，3～5岁的孩子什么都不懂、什么都不会，无视孩子独立性发展的要求，对孩子千娇百宠、溺爱过度、事事包办代替。比如：生怕孩子自己吃饭乱洒，吃不饱，以至于6岁多了，还追着孩子后面喂饭，养成孩子挑食和不按时进食的坏习惯；又比如，孩子想自己穿衣、洗脸，家长总嫌孩子穿得慢而替他穿，担心他洗不干净替他洗，久而久之，孩子会觉得自己很无能，不可能做好这些事情。

孩子上小学了，依然由父母帮着穿衣洗脸，还觉得天经地义，一旦父母要求他自己做，他会抗拒或者应付了事；有的家里有了好吃的，总是由着孩子吃，很少提醒孩子和家人共享；家长的百依百顺会助长孩子的欲望，孩子习惯于接受，无法付出，就会以个人需要的满足与否作为快乐的标准。

缺乏有效的情感交流

有别于那些经历父母离异或者亲子中断的孩子，绝大多数生活在父母身边的孩子，看起来并不缺少跟父母的沟通和交流。然而事实上，父母平时工作繁忙，回到家里还是跟孩子凡事讲道理，又是分析考试失败的原因，又是教育以后如何生存和发展，孩子跟父母之间的有效情感交流少之又少，孩子从父母那里感知不到真正的父爱和母爱，无法建立起真正的感情支持系统。

在孩子成长的最初阶段，父母应该注重的是情感教育，而学校才承担主要的能力教育。

结果选择

孩子的好行为或者坏行为多半不是与生俱来的，而是受特定环境影响产生的。美国行为学家和心理学家安东尼·比格兰花了40年时间去研究儿童兴趣、技能、能力、习惯与后天养育环境之间的关系。依据研究结果，他提出了"结果选择"理论。结果选择指的就是，人类的行为顺序总是：先评估结果如何，再反过去组织行动，而不是相反。

也就是说，儿童任何习惯的养成，都是在早期养育中，某个行为产生的结果，被不断学习固化。譬如幼儿教育工作者发现，爱打人的孩子并不是天生喜欢打人的感觉，而是偶然发现击打能够赢得父母的关注，这种兴趣是在责怪中强化的。避免养出"暴力小孩"最好的办法是，减少对"暴力行为"的过度反应。

发展心理学认为，0～3岁是孩子行为固化的关键时期，如果没有及时给予孩子同情心、安慰行为能力方面的正面教育，就会让孩子在成长过程中出现缺陷，形成冷漠、自私的性格。对于中国的父母而言，我们对孩子的很多教育方式来源于原生家庭。我们的父母自己也没有真正感受到"爱"，所以也不曾真正了解过孩子的内心需要什么。比如当孩子满心欢喜地把自己喜欢的好吃的东西送到父母嘴边时，父母出于疼爱孩子的初心没有接受，让孩子自己吃了。这样久而久之，孩子就会形成一种表面上的虚假礼让，因为孩子原本真心的付出没有得到父母的情感反馈和接受，最后形成的就只是礼节礼貌，其中蕴含的感情成分慢慢就消失殆尽了。表面上的付出也是为了自私地得到，因此孩子根本无法养成感恩、真心付出的品质。

如何才能让孩子学会关爱

善于向孩子索取爱

爱是双向的互动，有付出亦应有回报。一味地付出，只会让孩子误以为父母无所不能，根本不需要孩子的爱，这其实无形中剥夺了孩子爱别人的机会和能力。

家长要学会向孩子索取爱，比如孩子过生日期待父母的礼物，父母给孩子送上礼物的同时，可以告诉孩子爸爸妈妈的生日是哪一天,问孩子要送什么样的礼物给爸爸妈妈。当孩子以自己小没有钱的理由拒绝时,可以启发孩子:礼物不一定要用金钱买啊,表达心意就可以了,可以自己做张卡片或者帮家长做件事都是可以的。又如生病的时候,可以跟孩子描述一下病痛的难受程度,鼓励孩子安慰父母。久而久之,孩子会从这些日常行为中养成良好的关爱他人的习惯。

给孩子肤触和拥抱

家,有时是讲感情不是讲道理的地方。在孩子还小的时候,并不能完全正确理解语言所代表的含义,这个时候不要强行灌输,尤其在孩子情绪失控激动的时候,摸摸头,给他一个拥抱,孩子就可以感受到父母的爱,等他平静下来的时候,再讲道理也不迟。

人在拥抱的时候,身体会产生一种激素——内啡肽,这种激素能让人情绪安定下来,对制止孩子的暴躁脾气,以及填补内心的安全感有非常大的帮助。

给孩子更多的尊重和自由

增加与孩子心灵的沟通,多从孩子的角度考虑问题,不要把自己的想法强加给孩子。比如一些父母要让孩子上多个兴趣班,但是如果孩子真的不喜欢学钢琴,就不要强逼着他去练琴、去考级,给孩子一定自由的空间,让他自己去选择。

给孩子发泄情绪的机会,让家成为孩子的避风港

孩子在成长过程中,不可避免地会遇到这样或那样的问题,尤其对一些刚到青春期的孩子,生理和心理的变化会让他们迷茫和不知所措。父母要设身处地地站在孩子的角度,理解孩子的心理感受和情绪变化,而不是麻木不仁和火上浇油。很多时候我们分不清"共情"和"同情"这两个概念,同情是我知道你的感受,但我不一定有你那样的感受,而共情则是我知道你的感受,并且我也有跟你一样的感受,这是两个不同程度的理解。如果父母对待孩子都能做到先共情,再解决问题,往往能够起到事半功倍的效果。

举个简单的例子,孩子一身汗地跑回家,兴奋地告诉妈妈"我们球队今天赢球了",如果妈妈回应"你的球衣好脏",这叫"无关反应";回应"赢球又不能算成绩",这叫"情感逆转",孩子瞬间会感觉万分失望。

如果父母的情感没有被孩子的喜悦所感染,那么可以试着看到孩子的感受,然后去确认他的感受,"妈妈看到你好开心啊,这真是让人开心的事情"。当孩子悲伤、哭泣、愤怒的时候,我们很容易把这些情绪批判为"不好的",然后出于自己的焦虑希望孩子赶快停止。这样做会让孩子的能量被阻塞,能量长期阻塞会形成心理疾病甚至生理疾病。父母最好的做法是不打扰,如果孩子需要,就在旁边安静地陪伴。

建立优质的亲子关系

别让不信任毁掉亲子关系

一位老师曾在全国几十所学校做过一个调查:"当你生活中出现危险,出现很难处理的问题时,你首先会想到向谁求助?"调查结果却让人大吃一惊。首先能够想到向父母、老师求助的人,加起来竟然还不到7%。

为什么会这样呢?本来最亲近的人是父母,我们也最应该相信他们,可结果却寥寥无几。这正是因为生活中父母不信任孩子,对孩子做的事、说的话都持有怀疑态度,甚至还会以打骂的方式逼迫孩子承认错误。信任是相互的,你不信任我,我也很难信任你。看到一则2014年的旧闻"父母怀疑女儿偷拿零钱责骂'逼供',14岁少女留书跳楼",让人惊愕不已。

"爸妈,你们为什么不相信我,我没有偷,我恨你们。"这是14岁的温州永嘉少女小珍留下的一封"遗书",然后从5楼跃下。原来她家里开零售店,时常丢一二十元的零钱,她爸爸就认定是她动的手脚。跳楼前,父女再次因为类似的琐事发生了口角。气愤之下,爸爸选择了棍棒教育。爸爸边打边说:"做出这样的事情,读书读得再多又有什么用,你以后就不用读书了。"在爸爸的棍棒教育以及威胁下,小珍最终"承认"了偷取家中零钱的行为,并根据爸爸的要求将这些行为逐一写在本子上并签字。自己的亲生父亲都不信任自己,最终小珍以结束自己的生命来证实自己的清白。

这种事情竟然还不是个例。有朋友小时候去走亲戚，没想到亲戚家放在桌子上的几百块钱不见了。结果就被爸妈质问："钱是不是被你拿了，你说带你走次亲戚，你还这么丢人。"无论他如何辩解，他父母就是觉得是他拿的，要不怎么他一去，钱就不翼而飞了呢？最后亲戚说钱找到了，他父母也没为自己的不信任道歉，还教育他说："以后不许随便乱拿别人的东西。"好像一旦打架，就是自己孩子先动手打了别人，会先把他批评教育一顿再说。一旦在学校被人欺负，就认为是自己孩子没事找事，为什么欺负他而不欺负别人。总之，一有问题发生，就认为是自己孩子的原因，即使孩子解释，父母也不愿意相信。有的父母还认为是对孩子好，并希望借此教育孩子，却不知他们的不信任已对孩子造成了很深的伤害。失去他们的信任，孩子再也不愿意和父母沟通交流，也不愿意去告诉他们自己发生的事情，即使在外面受到伤害也会默默忍受而不愿意求助。在孩子心中，即使自己说的

★ 建立优质的亲子关系

是事实,父母打心底里也不会信任自己,还可能会被打骂教育,又何必多此一举呢?

父母的信任对孩子来说就是一剂生命的良药,可以治愈生命中很多的艰难困苦,也给了他们披荆斩棘的勇气。知乎上有个帖子:不被父母信任是一种什么样的体验?题主自己说曾被张亮对儿子说的一句"我当然相信你,我不相信你谁相信你"感动到泪奔。中国青少年研究中心曾经在北京、上海、广东、云南、甘肃和河南等6个省市做了一项调查:"中小学生最喜欢父母的10种做法。"调查结果显示:"信任我"以63.5%的高得票率位居第一,可见孩子有多渴望得到父母的信任。

父母的不信任对孩子的伤害是很严重的,他们感受不到父母的爱,也感受不到家的温暖,甚至想要逃避。他们的不信任不仅失去了孩子对他们的信任,也失去了他们之间亲密的亲子关系,会让孩子渐渐变得自卑,认为自己没有存在的价值。

作为父母就应该做到：哪怕世上所有的人都看不起我们的孩子，做父母的也要眼含热泪地欣赏他、赞美他，为自己创造的生命而自豪。处于焦虑中的妈妈是很难相信自己的孩子能过好他自己的人生的。小时候，我们不相信他能穿好衣服，知道冷暖，于是自己亲力亲为，按自己的感受给他穿衣。再大点，不相信他们能很好地处理和同学的关系，自己总想着如何和老师、同学搞好关系，给他铺好路。长大后，如果孩子没有达到自己的期望，就不相信他们也能事业有成，过上他们自己想要的生活。恋爱结婚时，不相信他们的眼光，总想着他们该选择你喜欢的，因为你认为你吃的盐比他们吃的饭还要多。我们处于焦虑的状态，总担心孩子输给别人，担心他们过得不幸福。

殊不知我们的这些不信任、不放心却给他们造成了很大的压力，也让他们感受不到我们太多的爱与付出。因为我们总是一边付出，即往亲子关系的情感账户里不断存储感情，但又由于我们对孩子的不信任渐渐消耗掉了我们储存的情感。所以，总有种"为什么我们付出那么多，孩子却总感受不到，甚至还要逃离我们"的感觉。这就像刘墉说的："通过对女儿的教育，我发现对孩子的信任越早越好。"让他明白人生是他自己的，如果父母拖着孩子走半辈子，那么这个孩子可能会拖累父母一辈子。对孩子要信任，让他们感受到父母的爱，也能感受到父母的付出，同样他们也会不负众望朝着更好的自己努力前行。

建立优质的亲子关系

低质量的陪伴是一种伤害

当我们放下所有的要求、控制、评价,只是单纯看见对方当下的样子、当下的感受,并愿意和这个真实的人在一起,分享时光,这就是真正的陪伴。

陪伴不只是陪着

统计调查表明,有的孩子平均一天只能从父亲那里得到7分钟的陪伴,从母亲那里得到11分钟的陪伴,而被调查的很多父母还都一直以为自己已经花了很多时间陪着孩子了。

这就形成了一个令父母和孩子双方都非常"抓狂"的现象——父母觉得自己很委屈:我下班回家后牺牲了所有的时间陪着你,你还想怎样?

而孩子方面呢,也觉得很委屈,这不是我想要的陪伴,可是不知如何表达,只能通过不断调试自己的心理感受,不断试探或者挑战。

最后慢慢封闭自己的内心,转而把自己的情感通过另外的渠道宣泄出去,比如,电子游戏……毕竟,电子游戏从来没有让他失望。所以问题就出在:父母不明白,陪着和陪伴,是两回事。很多父母陪着孩子的时候,刷朋友圈、聊微信,端着手机对着孩子拍照,其实这一点儿都不高明。因为这都不是真正的陪伴,甚至可以视为无效的陪伴。这样无效的陪伴对孩子来讲,是一种伤害。

假装陪伴比缺席陪伴更严重

"假装在陪伴"其实比缺席更严重,因为我们的行为在告诉孩子:即使我们在一起,因你太无关紧要了,以至于我可以分心去考虑其他事情。父母的陪伴,仅是保证了孩子的安全,满足了孩子的吃喝,驱赶了孩子的黏扰及依赖,这些都不是孩子想要的陪伴。

现在来看看,我们平时都是怎么陪伴孩子的呢?

带孩子去游乐场所,让孩子自己去玩,或者找朋友玩,而父母盯着手机专心致志,一副全然忘了孩子的样子。

带孩子出来参加活动,让孩子和别的小朋友玩,或让孩子独自放风,而父母则忙于接电话、刷手机、安排工作……忙得让孩子不敢打扰。

☆ 建立优质的亲子关系

在孩子的纠缠恳求下，终于答应陪着看部动画片，孩子既兴奋又开心，但看不到 10 分钟，父母要么不耐烦，要么玩手机，甚至有的爸爸还在孩子身旁睡着了。

睡前，孩子一再要求父母讲个故事，父母会大吼埋怨：都忙了一天，哪有力气给你讲故事，赶紧睡觉去吧。

即使陪着孩子做作业，也是充满火药味……

有些父母会觉得自己五六岁的儿子很调皮，爱耍赖，爱发脾气，霸道不讲道理，总之就是问题很多。

孩子的坏脾气、爱耍赖、霸道不讲道理，都只是为了引起父母的关注而已。可能很多父母都不知道，很多孩子看似笑靥如花、幸福快乐，没有留守的伤痛，也没有物质的匮乏，但却无比"孤独"、无比"焦躁"，因为虽然父母在身边，但是没有把精力真正地放到孩子的需求上。

陪伴，不是陪同，不是看管，不是物质满足，更不是说教和监督。陪伴，是全身心融入孩子的内心世界；陪伴，是真诚地接纳和欣赏；陪伴，是给孩子满满的安全感和正能量；陪伴，是建立起与孩子沟通的桥梁，用心倾听孩子的快乐、悲伤、苦恼、困惑……真正高质量的陪伴应该全情地投入，应该是双方都享受的亲子时光，你在陪伴孩子，孩子也在陪伴你。

没有回应的陪伴就不会有爱的链接

作为父母，我们曾一度认为，父母尤其是母亲陪伴孩子的时间越长，孩子未来会越幸福。然而心理学家研究发现，对于 3~11

岁的孩子，父母参与度过低的陪伴，反而会给孩子造成负面的影响。孩子的内心极其敏感和脆弱，客体关系心理学讲道，即便是婴儿，已经能对养育者的心理活动以及情绪保持极其敏感的感知能力，他们能够透过抚养者的表情、声音、肢体动作，来感知养育者的内在状态。

在与父母互动的过程中，孩子需要积极的回应，如果这种回应是被动的或者只是敷衍了事，那么父母与孩子之间的链接是无法建立起来的，没有链接就没有流动的爱。比如现在，有的孩子家里有专门做饭、做家务的保姆，妈妈只需要负责孩子的健康成长。但是妈妈却认为，只要孩子在她的视线监控范围之内，不出意外就可以了。所以，尽管有些孩子在妈妈的全程陪护之下，按理说应该发展成阳光快乐的孩子，然而事实上，有很多孩子却是孤独而忧郁的。因为得不到足够的归属感和安全感而患得患失，郁郁寡欢，没有自信，遇事也会消极处理。

与孩子在一起，哪怕只是眼神的交流，或与孩子简单的几句对话，或是和孩子玩耍片刻，都会让孩子感受到母亲的关注，这会给孩子内心带来极大的满足感和安全感。父母的参与度，其实就是对孩子的接纳和尊重度，是爱孩子的最高体现。

放下期待的功利心

每个父母都想做好父母，从教育理念上来讲，我们这代父母要比我们的父辈在认知层面上了解得更多。有人曾经是留守儿童，从小饱受"亲子中断"的痛苦，现在绝不能让自己的孩子在很小

建立优质的亲子关系

的时候跟父母分开;有的读者说到儿时经常被父亲打骂,以后绝不能动用暴力对待自己的孩子;还有的小时候父母工作忙,从来没有关心过自己的学习,结果现在自己学无所成,所以绝对不能让孩子输在起跑线上……

然而孩子是机器吗?是否我们付出了爱、付出了关心,我们就一定要最大限度地得到孩子的回馈,作为我们成为好父母的嘉奖?很多时候,我们就是这么功利,当我们放下工作、放下手机陪伴孩子的时候,我们并不是心甘情愿的,而只是因为所谓"好父母"的标准是这样的,所以我们才这样做。

但是在这样做的过程中,我们是有期待的,我们一直希望孩子朝着我们期待的方向去做,否则我们就会为自己的付出得不到预期的效果而感到愤愤不平,掉入受害者模式。

你是不是也能经常见到这样的场景,一个父亲或者母亲对着孩子责骂:

"就为了陪你，我这一天啥也没干，可是你呢……"

"自打你出生，我连一个完整的电视剧都没看过，不就是为了陪你吗？你争气了吗？"

……

有的妈妈在其他方面很出色，但是她会觉得带孩子很烦，陪他们玩儿是在浪费时间，最主要的是他什么也学不到，总是傻乎乎地玩。其实这个年龄的孩子，他不需要学习那么多的东西，他需要的是尽情地玩耍，是妈妈给予爱的滋养，他需要的是心灵的陪伴，当他感觉到足够安全，感觉到被爱时就会有能力去爱别人，有精力把兴趣转向外界，去探索世界的奥秘、挖掘自己的潜能，充分地发展自己的想象力和创造力，选择自己所需的生活。

真正高质量的陪伴应该全情地投入，应该是双方都享受的亲子时光，你在陪伴孩子的时候，孩子也在陪伴你。

好好爱自己才能更好地爱孩子

美国心理学会 2012 年压力调查的结果显示：超过 69% 的父母意识到自己的压力影响到了孩子，只有 14% 的孩子说父母的压力没有影响到自己。

如果一个母亲总觉得身上的担子好重，白天忙着工作，晚上回来还得耐心地陪孩子，有时因为芝麻大的小事就想吼他。好不容易哄他睡觉了，还得熬夜加班……

如果在陪伴孩子时，你是上述这种体验的话，也许你更需要做的是照顾自己，否则，陪伴就成了一种伤害。作为父母，你可

建立优质的亲子关系

能不知道的是,你的压力会影响孩子的自身压力水平。

父母自身的压力过大,会使他们自己的精神过于紧张。在精神紧张状态下,父母会变得暴躁、易怒。而这种负面情绪会直接传递给孩子,孩子处于父母消极情绪的笼罩下,情绪长期受到压抑而无法宣泄,皮质醇的分泌也会随之发生变化。皮质醇是肾上腺里一种主要的应激激素,它能影响孩子的认知能力和记忆功能。在正常情况下,机体能很好地控制皮质醇的分泌和含量,但它易受压力、营养、睡眠质量等因素的影响。一旦机体的皮质醇含量长期超过正常水平,就会对孩子认知等功能的发展造成负面影响。

这个时候,跟孩子的相处,不仅无法让孩子从父母那里学习如何管理情绪,还可能因为你的坏情绪导致孩子的情绪认知发展受到伤害。所以,如果你感到压力或焦虑等负面情绪时,请不要勉强自己跟孩子相处。

别让焦虑摧毁亲子关系

很多人都很感慨：自从有了娃，当妈的就纷纷进入了焦虑状态。

孩子生病了，焦虑；孩子不好好吃饭了，焦虑；娃一岁两个月了还不会走路，焦虑；人家娃上了七个补习班，自家娃只上了两个，焦虑；让娃写作业，娃一会儿上厕所、一会儿喝水，10点该睡觉了还没写完，焦虑……

小到几个月开始早教，大到升学就业、结婚生子，妈妈们无时无刻不在焦虑。那么我们为什么会焦虑？焦虑又是如何产生的？美国知名心理学家卡洛琳·戴奇在《在亲密关系中成长》一书中，用深刻而明晰的语言描述了焦虑这一困境，并给备受焦虑折磨的人提出了简明扼要的建议和练习方法。关于焦虑，作者在书中是这样定义的：焦虑是一种生理和心理的紧张状态，通常伴随着令人不安的感觉、身体不适、担心、偏执或灾难性的想法、回避性的行为等。

神经系统科学把人类的大脑分为后脑、中脑和前脑三个部分。其中后脑处于大脑的最底层，靠近大脑和脊柱连接的部位，组成后脑的部分主要负责控制与人类生存息息相关的身体机能，如心率、呼吸和饥饿感等。中脑位于大脑居中的部位，主要负责情感体验。前脑位于后脑和中脑的上方，是在人类进化过程中最新发展起来的部分，高度发达的前脑主要负责人类进行理性和逻辑思考的能力。

正是归功于体积如此庞大的全脑，人类才得以进行复杂的思考，并能用书面语言和口头语言进行沟通和交流。当我们充满焦虑，心情激动的时候，我们的中脑（负责情感体验）就会变得活跃起来，与此同时我们的中脑和前脑（负责理性和逻辑思考）之间的连接就会中断。也就是说，在我们焦虑状态下，我们负责理性和逻辑思考的前脑就会停止工作。于是，我们就沦为情绪的"奴隶"。

如果长期且频繁处于高度焦虑状态中，我们体内会生成过量的应激激素，比如皮质醇和儿茶酚胺。这会让我们的身体系统不堪重负，情绪、精神和身体能量储备枯竭，让我们变得固执和易怒，从而影响夫妻关系和亲子关系。

我们到底在焦虑什么

网上有一项关于焦虑的调查显示：小孩健康、教育、夫妻关系，位居十大家庭焦虑因素的前三位。

对小孩健康和安全的焦虑

从出生起，孩子饿不饿、睡得好不好，就成了妈妈们关心的重点问题，如果遇上孩子生病，那真是天都要塌下来了。

《超级育儿师》有一期节目，一位妈妈在孩子得过三次肠胃炎后，变得紧张、焦虑起来，每天早晚要给孩子吃益生菌；怕孩子刷牙时不小心喝到水，让孩子必须用凉白开刷牙；孩子骑自行车，必须让孩子去没风的地方骑；冬天天冷，从不让孩子出门……这位妈妈的焦虑，导致她对孩子过度保护，反而让孩子产生了叛逆心理，变得暴躁、不讲理，同时也让夫妻关系变得糟糕。

还有，近年来家长对幼儿园和小学阶段的校园安全不放心，感到焦虑，而且，孩子年龄越小，家长的焦虑度越高。

对于教育资源及模式的焦虑

这些年随着家长对孩子所受教育越来越重视，同时，又由于优质教育资源的紧缺，导致了很多家长的焦虑。激烈的入学考试竞争，校外多样的培训机构，家长、同学之间的攀比，让我们如坐针毡，我们担心因为自己没能买到学区房而不能让孩子上优质小学，或者因为给孩子少报了补习班而使孩子在升学竞争中被淘汰下来，从而影响到孩子一生的前途和发展。

对于夫妻关系的焦虑

生娃后，大部分夫妻都从温馨的二人世界变成了"夫妻双双把娃带"，没有时间经营夫妻感情，周末也从吃饭、

★ 建立优质的亲子关系

看电影变成了给孩子把屎把尿、喂奶,还要打起精神,面对各种有可能出现的情况:出轨、吵架、性生活减少……这也让很多妈妈变得焦虑。

用"暂停法"平复我们的心情

"暂停法"就是暂时停止。它最大的好处就是提供了一种方式,使我们可以从触发焦虑的情形中抽离出来,得以控制自己的反应。它就像一个"停战协定",让我们暂时停止,缓解焦虑,恢复冷静,然后可以与对方更好地交流。

"暂停法"包括三个步骤——

第一步:认识到自己何时会一触即发。

第二步:选取一个空间,启动暂停法。

第三步:采用自我安抚技巧。

闭上眼睛转动眼球——快速中断反应;

握紧拳头——释放肌肉紧张;

> 正方形呼吸法——用舒缓平静的呼吸安抚自己；
> 体会沉重的手臂、沉重的腿——创建平静感；
> 温暖腹部，清凉额头——增加你的平静感；
> 快进到未来——帮助你预期放松。

举个例子，晚上10点了，孩子的作业还没有写完，我们心里特别着急，催了几次，孩子还是磨磨蹭蹭，于是，我们看着孩子，心里越来越气，这样下去，学习成绩怎么提高？都10点了还睡不了觉，怎么保证睡眠？学校的作业都没做完，课外班的作业怎么办？睡前读书时间又没有了——此时，我们开始变得不耐烦、暴躁，甚至有打骂孩子的冲动。

这时，我们就需要采用暂停法让自己安静下来，恢复基于感性的中脑和基于逻辑的前脑之间的最佳沟通状态，我们需要和孩子沟通没写完作业的具体原因，是不会，还是作业量太大？还是身体不舒服？而不是简单的情绪发泄。暂时离开或者去书房、卧室、卫生间，总之让自己在一个独立、安静的地方待一会儿。同时运用上面提到的自我安抚技巧进行自我安抚，闭上眼睛转动眼球、深呼吸，告诉自己，这不是什么大事，一切都没有自己以为得那么糟，无论当下的情况多么糟糕，一切都会过去。

"暂停法"是一个有效管理自身焦虑的方法，能让我们快速平静下来，减少对焦虑对象的伤害，对我们的亲子关系有所帮助。

建立优质的亲子关系

别让失败的婚姻伤害孩子

随着社会的迅速发展,婚姻家庭观念也在不断变化,甚至现在的离婚率已经高于结婚率了。"闪婚""闪孕"的人越来越多,离婚现象也越来越严重。

家庭破碎对大人是一种伤害,对身心正处于发展阶段的孩子而言,更容易产生长期的负面影响,使我们的孩子出现种种心理问题。

离异家庭的儿童更易产生孤独感和困惑,并对父母产生怨恨,对生活产生恐惧;在青少年时期的离异家庭的孩子往往因为缺少父母的关心,更容易在外面接触各种人群,尤其是青春叛逆期的孩子,他们会有逆反心理,从而产生一些极端的行为;离异家庭的长大后往往因为自卑或者害怕结婚从而排斥异性和婚姻,甚至有的不敢生育。

所以父母离异对孩子的影响是巨大的,在择偶问题上,家长一定要慎重。当我们的婚姻真的出现无法调解的问题,必须走到离婚的那一步时,也一定要和孩子做好沟通,在沟通的时候也一定要讲究方式方法。

①离异后也不要向孩子灌输敌对情绪。应该努力控制消极的情绪，不要在孩子面前说对方的坏话。

②离异后也要让孩子与另一方经常保持联系。经常和父母联系，使孩子在心理上得到安慰和满足。让孩子明白即使父母分开了，但是对孩子的爱永远不会变。

③离异后不要把孩子当作报复的工具。这种行为对孩子的影响是极其恶劣的，孩子是无辜的，不要把大人之间的恩怨转嫁给孩子。

④理智爱护孩子，心平气和地跟孩子沟通。离异的家庭，父母常常觉得愧对孩子，所以对孩子有求必应。这样久而久之，会让孩子变得自私、任性。尽量用平和的语气和孩子沟通问题，说明分开的原因。

⑤教会孩子应对别人异样的眼光。外界的讨论和语言是不可避免的，孩子听到这些刺激的话语，会感到自卑、气愤。作为父母，应当正确引导孩子，教会孩子如何面对。

⑥在我们离异后重组家庭时，也要顾及孩子的心理感受，不要只一味地追求自己的幸福而忽视了孩子，孩子是无辜的，不应该为父母的冲动而买单。对婚姻尊重，对自己负责，是一个成人该承担的义务。

建立优质的亲子关系

别让孩子成为棍棒之下的受害者

"不打不成才",很多中国家长深信这句古话,他们认为打自家的孩子也不犯法,因为他们自己也是这样被打大的。

小C的父亲生活在山东的农村,山东省历年都是全国高考录取分数偏高的省份。竞争十分激烈,太多普通家庭的孩子拼命读书,就为了走独木桥考上大学,改变自己贫穷的命运。小C的父亲能在这样的环境下,考取清华大学,必定付出了太多的努力。所以他对于孩子的要求非常严厉。和很多秉承"棍棒教育"理念的父母一样,他也认为孩子不打不成才,棍棒底下出孝子。

人们都说现在的孩子娇生惯养,以为孩子们整天被蜜糖包围着,事实上,我国儿童教育中家庭暴力现象非常严重。2007年中国政法大学两位教授对"体罚子女现象"进行了一项调查,结

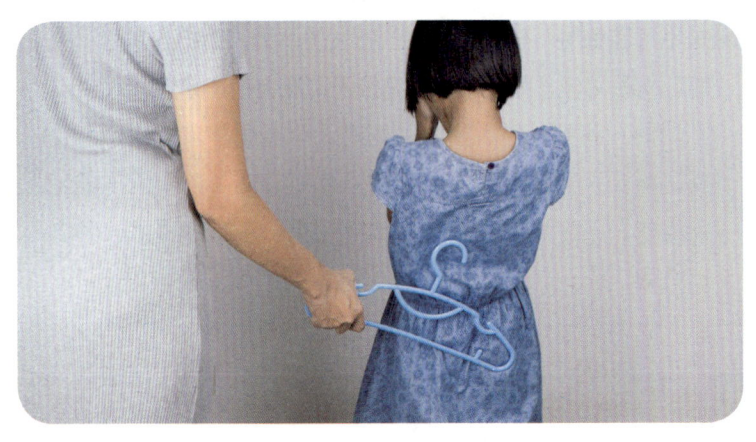

果显示，近占调查总数三分之二的儿童曾经遭受过家长的体罚。在接受调查的498名大学生中，54%的人承认自己在中小学阶段遭受过家长的体罚，而体罚的形式中"父母打人"占到88%。

真的是不打不成才吗？还是打了也成不了才，反而引发更多的问题呢？

体罚与纠正不良行为

我们经常会听说一些虎妈狼爸的报道佐证"不打不成才"。报纸上报道过这样一个案例，说沈阳一个13岁的女孩，在一个国际青少年钢琴大赛中获得冠军，而这一佳绩的取得居然是她的父亲在三年时间里抽女儿400个耳光得来的。这仿佛是一个"成功"的"不打不成才"的例子。

可是，一个平均两三天就要挨一记耳光的孩子，尤其是女孩子，她会成为怎样的人呢？皮肤上的痕迹可以很快消失，但留在心理上的创伤能消退吗？女孩子要长大，她将不只是一个"弹钢琴的人"，她还会是一个妻子、一个母亲，还有更多的角色。那些更多的角色，她会怎样去面对呢？用一个单一的成就去赌孩子人格健全与一生的幸福是否值得？

美国新罕布什尔大学经研究发现，在5至9岁年龄组中，常挨打者的平均成绩比不挨打的孩子低2.8分。另有研究结果显示，长期生活在体罚环境中，儿童的情商会受到负面影响。打骂教育固然有"管理速效"，但却抹杀了孩子的远景发展能力和快乐发展能力。那些长期受到家庭暴力的孩子，有不良行为的比例明显高于其他孩子。有25.7%的孩子"自卑",22.1%的孩子"冷酷",56.5%的孩子"暴躁",这些都是未成年人犯罪的潜在动因。

在严厉家庭环境里长大的孩子,会变得自卑、性格内向,缺少人际沟通能力,缺少自我反思和自我管理能力,脾气坏,甚至堕落等。

体罚引发孩子攻击行为

在一项由273名印第安纳州和田纳西州幼儿园儿童参与的研究中,研究者要求儿童的父母填写一份他们对自己孩子所使用的体罚类型的自我报告表。

这项测验关注的是孩子的母亲。6%的母亲不使用体罚。68%的儿童被母亲打过屁股。剩下26%的儿童受到过严重的体罚:母亲曾对他们拳脚相加,或他们曾遭到过母亲的毒打。

在母亲们报告了她们的体罚类型后大约六个月,研究者观察了这些儿童在学校里与同伴间的交往情况。研究者记录了儿童对同伴的攻击性行为——例如,在哪些场合下他们受到欺侮或变得生气而打了另一个儿童。基于这些观察,每个儿童都得到了一份每小时攻击性行为的分数记录。母亲的体罚越严重,儿童攻击性行为就越严重。这些数据生动地说明,儿童从父母那里学会了攻击行为。

这项研究清楚地表明,体罚不能起到人们预想的会使坏孩子变好的效果。经常遭受暴力体罚的孩子,无论是口头上的争吵还是身体上的攻击，都会产生一种极端的反应格外担心自己的安全问题。这种经历会让孩子的安全感荡然无存，也会使他们丧失对环境的控制能力。

体罚引发孩子大脑结构的变化

一项研究显示，孩子在三年以上的时间中，每个月至少被揍一次，可能会对孩子的大脑产生明显的影响。研究者发现，经常被揍的孩子，大脑前额皮质的某些区域中灰质明显减少。意味着孩子将来更有可能会产生抑郁等精神障碍，更有可能酗酒，智商测试成绩可能更差。

科学家们还发现，如果孩子长期处在被忽略、虐待或者暴力环境下，会感受到有害压力，大脑结构会发生破坏性的变化。

体罚引发孩子情绪的障碍，人格缺陷

蒙台梭利博士说："每种性格缺陷都是由儿童早期经受的某种错误对待造成的。"暴力家庭中，孩子最本能的保护自我的方式是"压抑"。人作为复杂的有机体，天生就有一套保护自己的机制，这类方式在心理学中被叫作"心理防御机制"。孩子在比自己强大的父母面前，为了维护自己，让自己生存下去，最常见的保护自我的方式就是"压抑"。即把一些得不到满足的愿望和需求，硬生生地挤压到潜意识层面。

然而任何的压抑都需要表达，潜意识中压抑的情绪会以扭曲变形的方式呈现出来：对外就是攻击比自己弱小的个体，对内就

是攻击自己，引发抑郁情绪。

12岁之前，是一个孩子的人格基本形成的阶段，很多成年后的变态行为都与童年时期遭受的暴力压抑的情绪有关。如果孩子长期生活在家庭暴力之下，那么在成长过程中，他的处世方式和处理冲突的方式可能就不太正确也不太健全。他会认为用暴力手段来解决问题是可以接受的，当他自己遇到问题时第一反应就是用暴力去解决，并且可能在将来虐待他的伴侣或孩子。

恰到好处的回应是最好的教育

经常有家长抱怨道："这孩子不打不行了。""我都说了八百遍了，你的耳朵去哪里了。""你咋这么笨，说了这么多次就是记不住。"

父母这些随口说出的话，只会让孩子觉得烦躁，觉得父母只会唠叨，根本就不知道自己真正的想法，不知道自己的问题出在哪里。著名的亲子教育专家尹建莉曾经说过，面对一个未成年人，成年人最大的文明所在，就是站在儿童的角度，努力地理解他的所作所为，以他乐意接受的方式对他进行成长的引导，你必须要把他当作一个"人"来平等地对待，而不是当作一个"弱小的人"来征服。

在面对孩子不可理喻的行为时，我们家长也会不可避免地控制不住自己的情绪，那么我们该如何调节自己的心态呢？

尽量控制不打孩子

网上最近流行的一句话：在想打孩子的时候，先在心里默念三遍"亲生的、亲生的、亲生的"。虽然听起来有点搞笑，但事实证明还是有效的。当人在生气时，稍微冷静一下，还是能起到缓解作用的。当孩子做得不对的时候，你可以向孩子说出你自己的感受，让孩子知道你对他的行为不满。比如说："你刚才那样子做不对、你这样子没有礼貌、我不喜欢你这样子的行为。"说出自己心里的感受，不但能让自己的心里平复，还能让孩子站在父母的角度来思考问题所在，从而促进孩子的反思。

了解情况，给孩子说话的权利

不要急着判断是非，胡乱给孩子"贴标签"，比如："一定是你没做好，老师才说你的。""一定是你欺负他的，不然他咋会哭。"不让孩子从他的角度去叙述整个事件的经过，很可能家长就会凭自己的主观判断冤枉了孩子。很多时候，如果我们耐心

倾听孩子的声音，从他们的角度去考虑问题，可能很多事情就不是我们所想象的那么复杂了。

询问孩子的想法，让孩子有宣泄情绪的机会

当一个人的情绪处于高涨状态的时候，别人说什么他都是听不进去的，等到他心情平静下来时，才有可能冷静思考问题。科学研究表明，当一个人的情绪强烈的时候，外在的刺激不容易被脑部吸收。所以，我们要孩子听进去我们的意见，我们先要"同理"他的感情，让他的情绪有个出口。

就事论事，承担自然后果

孩子犯了错误，家长无须过多批评，让孩子自己承受错误造成的后果，对于年龄较小的孩子，家长还可以指导孩子对于错误弥补的方法。如果孩子犯的错误问题不大，家长可以对已经发生的问题不再追究，而用限制其他行动的方式来让孩子记住这次教训。比如：作业写不好，取消看电视。

父母对孩子还是有要求的，要到达什么样的学习状态、什么样的要求或者是什么标准，要让孩子明白如何去做。不要因为孩子听话才去爱他，不要因为孩子取得了某项成绩才去欣赏他，更不要因为他不遂我们的心愿而去打骂他，父母对孩子的爱应该是无条件的，对孩子的支持也应该是无条件的。

不要让孩子拿学习讲条件

当某一天，几岁大的孩子开始学会和父母讲条件了："如果老师今天夸我表现好，放了学可不可以带我去吃肯德基？"这事需要担心吗？

当孩子跟家长讲条件的时候，家长应该感到骄傲。因为孩子的自我意识已经开始成长，所以在这个时候家长更应该注重培养孩子自我意识的健康成长，而不是把重点放在让孩子听话上。教育的最终目的就是让孩子成长为有健康的独立人格，让他成为对社会有用的人。所以，当孩子跟家长讲条件时，家长应该把自己的身份放低，与孩子平等对话。作为朋友跟孩子商量问题而不是作为家长跟孩子讨价还价。

讲条件不如和孩子谈底线

产生想象的根源在于父母。因为孩子以前也肯定这么做过，家长也做到了，给孩子留下这种讲条件的印象和习惯。小学和初中的孩子毕竟年龄还小，对事物认识不成熟，大脑仍在发育中，一旦形成某种思维定式以后比较难纠正。很多家长忽略了孩子思想方面的观察、引导和教育，这是根源。孩子总和你讲条件，说到底还是亲子之间的沟通出了差错。想要与孩子建立健康的沟通模式，不仅要有爱，也要讲原则，守住底线。所以，讲条件不如和孩子谈底线。

建立优质的亲子关系

让孩子明确学习目的

作为家长，对孩子的教育应该先明确如何做好品德的教育，从而树立为什么要学习，学习好是为长大后能够立足社会，能够提高人生的价值，总不能一心向"钱"看，进而可以通过自己的努力换取应有的报酬。而单纯的"交易"会模糊孩子的是非观。

有一次在一家火锅店，一个五六岁的小男孩在店里乱窜，在端着菜肴的服务人员身边钻来钻去。孩子妈妈看见了，赶忙制止："别跑了，这样很危险。"但男孩置若罔闻。妈妈边追边说："你给我站住。"小男孩一看妈妈来追，反而更来劲了，最后妈妈没办法了，说："你快回来乖乖吃饭，下午我带你去看电影。"孩子听完满脸高兴，立马安静下来，乖乖地回去吃饭了。就拿这个在火锅店乱跑的孩子来说，妈妈制止他的原因在于：这种行为对人对己都不安全，不仅会对店员造成困扰，还可能打扰到其他就餐的人。然而，这位妈妈让孩子安静下来，却是用"看电影"作为筹码换来的，孩子并没有认识到自己的问题，那么下一次，他还会做同样的事情，甚至变本加厉。孩子都是很聪明的，当他发现可以通过某种方式"要挟"大人，达到自己的目的时，他就会故技重施，哪怕他的要求并不合理。所以有些时候，我们不能责怪孩子蛮不讲理，因为是我们家长愿意跟他进行"交易"，而他只是熟练运用了这套规则而已。

凡事都跟孩子"讲条件"，等于抹杀了孩子的内在成长动机。就拿最常见的学习奖励来说，很多家长会预设条件，比如"你钢

琴考到十级,我就带你去旅游"。这类家长没有明白一点,那就是这种做法等于把学习和奖励摆在对立的位置。孩子对奖励的渴求越大,学习这项任务就会让他越反感,因为他执着于得到奖励的满足,把学习过程当成了一种障碍、一种煎熬。实际上,学习不需要奖励刺激,也是能带来满足感的。例如,学习弹钢琴,本身就能从音乐中获得美妙体验,然而,这种动机都被奖励制度硬生生地压了下去。也就是说,当交换和奖励被滥用的时候,孩子就丧失了学习的享受感。

"贿赂"方式会养成孩子讨价还价的不良行为

父母经常"贿赂",孩子经常"受贿"。几乎在每个家庭都曾上演过,家长用这种方法来应对孩子短期内的任性行为,能省时省力地让孩子按照大人的意愿行事。虽然短期内效果明显,但从长远来看,会给亲子关系带来负面效应。如果每次都能得到奖赏，为了这份奖赏，孩子会故意"找茬儿"，让父母来"贿赂"。或者他们会故意哭闹，犯错误，并且对每次的奖赏和利益的要求都会增加，从而使孩子养成和家长讨价还价的不良行为。如何用正确积极的方法让孩子信任父母，听父母的话？其实家长可以鼓励孩子与自己合作，让孩子参与到亲子互动中来。

让孩子合作，而不是强迫

让孩子合作就是让他接受你的要求，对你的要求做出回应。如何做到有效指导呢？家长需要用商量的方式来达到目的，如：把玩具收拾好可以吗？咱们要准备吃饭了；你自己穿衣服可以吗？给爸爸做个好榜样，把垃圾丢到垃圾桶可以吗？小点声说话可以吗？奶奶在打电话。在请求或者要求孩子做事时，尽量用"……好吗？"要比用"能不能……""可以不可以……"好得多。因为在孩子看来，如果你语气里在命令他，在情绪上他是不愿意接受的。

让孩子参与到你的活动中。比如去超市，你可以让孩子帮你找需要的物品；回到家，让孩子帮忙把物品放到指定地方。你会发现，孩子很乐意帮助你完成这些事，这会让他感觉到自己是家庭一分子，能为家里出力做事，还增加了孩子的生活经验。

教育孩子不能图省事，我们应当让孩子明白，不是所有的问题都能通过"讲条件"解决，他们需要对自己的行为负责。我们在对孩子进行底线教育时，有这样一个原则：奖励孩子要有所选择。不是说家长完全不能用物质去激励孩子，但我们设置奖励，只是鼓励孩子的一个辅助手段，目的是启发孩子的内在动力。所

以，对于孩子应该做的事情，我们需要告诉孩子：这是你应该做的，与奖励无关。就像好好吃饭这件事情，它不属于有偿劳动，因而不能试图以此来换取好处。至于其他情况，当孩子得到了奖励，我们也要让他明白，这并不是所谓的"等价交换"。

和孩子制定专属规则

在日常生活中，家长可以给孩子制定一些专属规则，有些事不能讨价还价。比如吃饭前要洗手、打游戏不能太晚、作业要按时完成、见人有礼貌等。别怕孩子哭，如果一看到孩子哭就心软了，立再多的规矩也无济于事。有些事可以适当让步，孩子提出的要求合理，父母可以给孩子一些自主的空间。又如平常总是管着孩子少吃糖，但孩子生日又收到很多糖果，这个时候可以和孩子商量一天吃几颗，只要孩子提的数量合理，可以答应孩子，甚至可以夸夸孩子会主动地自我节制。如果父母用和善而坚定的态度守住自己的原则，那么孩子的自律和责任感，也会逐渐建立起来，良好的性格也会慢慢地培养出来。在制定规则时，我们可以给孩子几个选项，比如是先看30分钟电视，再去写作业；还是先写完作业，再看1小时电视。规则要和孩子一起制定，尊重孩子的意愿，在执行方面，就降低了孩子的抵触情绪，孩子慢慢就有了约束感。

打破了底线，就要付出代价

没有惩罚行为的教育是不完整的。如果孩子打破了底线，却没有为此付出代价，那就等同于告诉他，底线形同虚设，你可以随意逾越。这里的惩罚不一定是要靠打骂，有时候一个失望的眼神，保持一段时间的沉默，都能让孩子感受到威严，认识到错误。

现在很多家庭都是老人在带孩子，当孩子打破底线时，孩子往往会利用老人这时的心软来让大人妥协。各位家长一定要让老人和自己站在同一边，不合理的要求坚决拒绝。我们要用自己的态度，让孩子知道底线是什么，让他意识到，今后要在底线范围内做事。不论是奖励或惩罚，讲条件只能解一时之急，最终会使事情变得更加复杂和失控。

用实际行动帮孩子养成好习惯

孩子每天睡前不肯关电视、不肯去睡觉，与其吼叫让他去睡觉，不如和他提前规定好时间，到了这个时间，我和你都要进入准备睡觉阶段，盖好被子，讲一段故事，然后我们一起睡觉。家长和孩子共同去做一件事，会让孩子养成时间观念，到了这个时间点，就应该去做这件事，为孩子养成好习惯。

当我们追求长远的教育目标时，父母的理解、耐心、信赖，才是孩子灵魂上的养分。每个人都是从孩提时期过来的，包括我也一样。如果我是家长，我一定会答应条件，但是有一定前提，就是给孩子设定一个学习目标，当他完成这个目标后，我会给他奖励，一是让他与父母之间有一定的沟通与信任，不会让他产生畏惧感，二是无形地教给他对以后人生进行规划，当他达到目标的时候不仅会因为获得自己想要的东西而感到高兴，父母也会感到欣慰，关键是又不会影响父母和孩子之间的关系。

希望我们互相尊重又彼此独立

网上流传这样一段话:"我钦佩一种父母,他们在孩子年幼时给予强烈的亲密,又在孩子长大后学会得体地退出,照顾和分离都是父母在孩子身上必须完成的任务。做父母,是一场心胸和智慧的远行。"这注定是每个父母都需要学会接受的一场"小别离",也注定是每个孩子都要直面的一次人生挑战。

你初次为人父母,我初次为人子女,我们会有摩擦和隔阂、会意见相左、会忘了替对方考虑、会有短暂的分离,这些都没关系,我们一起为了营造最好的亲子关系,不断改进、慢慢努力。而最好的亲子关系应该是互相尊重、彼此独立,就像杜江在《爸爸去哪儿》里送给嗯哼的那首诗一样:

你不是我的希望,不是的,你是你自己的希望。

我那些没能实现的梦想,还是我的。

与你无关,就让它们与你无关吧。

你何妨做一个全新的梦,

那梦里,不必有我。

然而我爱你,我的孩子,

我爱你,仅此而已。

最好的亲子关系,也应该像龙应台在《目送》中写的那样:

"我慢慢地、慢慢地了解到,所谓父女母子一场,只不过意味着,你和他的缘分就是今生今世不断地在目送他的背影渐行渐远。你站在小路的这一端,看着他逐渐消失在小路转弯的地方。而且,他用背影默默告诉你:不必追。"

最好的亲子关系是孝而不顺,是你给我恰到好处的爱、不费力地付出、得体地退出,而我回报你同等的感恩与尊重。

请不要"为了孩子好"而是"对孩子好"

大多数父母都喜欢懂事听话的孩子,喜欢成绩好、爱读书的孩子,喜欢沿着既定轨道向前走的孩子。在父母眼中,最理想的一生就是:小时候要听话,不哭不闹;上学后要成绩好,考个好大学、好专业;毕业后考公务员、当老师,端上"铁饭碗";工作两年后相亲恋爱,结婚生子……更有甚者,将自己的人生目标强加于孩子身上,鞭策孩子去完成他们未完成的梦想。

可父母好像忘了问,孩子想不想要这样的人生,也忘记了,若孩子不懂与世界如何相处,所有的"优生教育"都是徒劳。

建立优质的亲子关系

《无声告白》一书中，那个叫莉迪亚的女孩，死在了全书开篇。她美丽可爱、成绩优异，深得父母疼爱，却在一个大家都沉沉睡去的深夜里，一步步走向湖面，最后溺水而死。在莉迪亚死后很长一段时间里，她的父母百思不得其解，自以为宝贝女儿是被人谋杀了。却从来没有意识到，正是他们亲手用宿命式的重担，塑造了一个钢铁般的牢笼，把女儿圈养起来，逼得她喘不过气来：

母亲没能成为医生，所以一厢情愿地认为莉迪亚很有天赋，一定会进入哈佛，成为最优秀的女医生；父亲一辈子得不到社会认同感，所以盼望莉迪亚成为学校里的社交明星，成为他的骄傲……

然而，对于女儿内心百转千回的痛苦和挣扎，父母始终后知后觉，错把沉默的抵抗当作温顺听话，把不合群、被排挤当作静心学习的好时机，把考试的失误当作不够努力……

这样的父母，大概比比皆是：习惯了用血缘紧紧捆住孩子，用要求来表达爱，用失望来施加压力，只在孩子拿到优异成绩单时，才会吝啬地露出一丝笑容。于是等到孩子意识觉醒，大多都会陷入迷茫困惑、不知所措中。孩子在突如其来的失业、失恋、人际交往受挫等重创面前，备受打击，一蹶不振，甚至走上不归路。多少父母，打着"我都是为了你好"的旗号，忽略了孩子的感受，干涉着孩子自由选择的权利。殊不知，站在孩子的立场来看，他们期待的是以"我"为中心的"对我好"，是平等的心与心的交流和适可而止的帮助，而不是以"你"为中心的"为我好"。

请不要为孩子而活,而是为自己活

> 我的妈妈不上班,平时就喜欢打牌和看"脑残"的电视剧,一边看还一边骂,有时候也跟着哭。她什么事也做不好,做的饭超级难吃,家里乱七八糟的,到处不干净。她明明什么都做不好,一天到晚光知道玩儿,还天天叫累,说都是为了我,快把她累死了。和我一起玩的同学,小青的妈妈会开车,她不会;小林的妈妈会陪着小林一起打乒乓球,她不会;小宇的妈妈会画画;瑶瑶的妈妈做的衣服可好看了。我都羡慕死了,可是她什么都不会。我觉得,我的妈妈就是个没用的中年妇女。

在一篇文章《我的妈妈是个没用的中年妇女》中,一个十岁的小孩,用稚嫩的文字这样写道。

看到这里,每个妈妈都一定非常痛心吧?谁想成为孩子口中的"没用的中年妇女"呢?所以,越是当了妈妈的女人,越是要活出精彩的人生。去往心心念念的地方,去做自己喜欢的事情,去追求心中的梦想,去实现自我的价值。只有妈妈昂首阔步走在前面,斗志昂扬地活出自己,才能成为孩子心中的榜样,才能让他安心跟在身后,努力向前看齐,成为更好的人。

建立优质的亲子关系

对父母最好的爱是孝而不顺

当然,我们必须承认,父母对孩子的爱,是出于一种本能。尽管分寸把控得不太理想,过程不太尽如人意,但这并不妨碍他们的无私和伟大。就像韩剧《请回答1988》里德善爸爸说的,他们也是第一次为人父母。

因此,培养良好的家庭关系,是父母和孩子双方需要共同学习的一个课题。而为人子女,对父母最好的回应,是孝而不顺。一段婚姻幸福的前提,也是孝而不顺。

一个正常的家庭关系排序本应是:夫妻关系第一位,亲子关系第二位,与父母的关系第三位。可很多人在结婚成家后,深受愚孝思想的影响,把本该美满的婚姻推向了岌岌可危的境地,置自己于不仁、置爱人于不顾……

而一个成年人对待父母,不仅要孝顺,更要管理。做一个独立的大人,用平等的视角与父母相处,尊重他们的建议,也表达自己的态度。回想一下,我们身边那些从小对父母言听计从的孩子,有多少成长为没有主见的"巨婴",又有多少变成了只听妈妈的话却委屈了老婆的男人?而那些从小就独立、做事认真靠谱的孩子,在与父母打太极式的较量中,往往能通过沟通和智慧,有效避免大部分的干涉和反对。孝而不顺,才是最好的孝顺。

最好的教育，是父母永不放弃自我成长

很多时候，我们可以发现不少家长在教育孩子方面，有很强烈的焦虑感。这种焦虑感看似来自孩子，其实深层次的原因是家长自己。家长们总是觉得自己已经是大人，因此面对孩子的时候，心安理得地采用了成人的权威。可虽然家长已经到达成人的年龄，却并不意味着家长已经在心理上达到了成人的状态。事实上，家长们仍然需要探索，需要学习，需要成长。

我们为什么对教育这么焦虑？大多数家长，对孩子、对教育，缺乏一个持久而深入的理解。猛然意识到问题，赶紧管一下，看到孩子微小的不足，就开始忧虑孩子十年后的高考，十五年后的婚姻，以及二十年后的事业……而这个忧虑本身，就会毁掉孩子的未来。

成长的断崖

家长之所以忧虑，是因为一直在间歇性地关注孩子，孩子有问题，就关注多一些，没有明显的问题，便关注得少。对孩子的教育，缺乏一个宏观的掌控，对于该做什么、不该做什么、做得够不够，自己心里也没底。因此，对孩子未来的发展走向，就缺少了一份确信。不确信，就会慌张。那么，为什么许多父母没有确信与笃定呢？

许多家长，结束了读书生涯，有了工作，有了家庭，有了孩

子，达到了一种表面上的"圆满"，便放弃了自我探索。生活遵循"最安逸原则"，看上去悠然自在，轻松洒脱，生活稳定，令人羡慕。其实，很多人生议题并没有完成，依旧搁置在那里。

打个比方，这很像"成长的断崖"。很多父母自认为选择了一条安逸的路，结果却被动地陷入烦恼的泥沼。到头来，付出的代价不是更少，而是更多。

当然，选择最安逸的生活状态也不是错的，不过，人生的议题并不会因为我们的回避而远离。派克在他的《少有人走的路》一书中写道：

我们对现实的观念就像是一张地图，凭借这张地图，我们同人生的地形、地貌不断妥协和谈判。地图准确无误，我们就能确定自己的位置，知道要到什么地方，怎样到达那里；地图漏洞百出，我们就会迷失方向。

有的人过了青春期，就放弃了绘制地图。大多数人过了中年，就自认为地图完美无缺，世界观没有任何瑕疵。甚至自以为神圣不可侵犯，对于新的信息和资讯，他们也没有多少兴趣，似已疲惫不堪。只有极少数幸运者能继续努力，他们不停地探索、扩大和更新自己对于世界的认识，直到生命终结。

我们的人生地图，至少要通过三组关系来定位，分别是与自己的关系、与他人的关系、与世界的关系。如果我们不想再绘制"人生地图"，那么，也有很多逃避的办法。最简单的办法，就是退缩，并保持现状。许多人不接纳自己，常常会自我否定和自我攻击，却放弃了内在探索，而选择忍耐和逃避。面对人际关系中存在的障碍，不是去化解，而是把人际关系简化，有的索性只剩下亲人关系。在家人面前，就算任性为之，也会获得包容。对世界的看法，则保持不变，不再对世界产生好奇。

许多妈妈埋头于柴米油盐的生活，最大限度地回避这三组关系。派克的另一句话，说得言简意赅：规避问题和逃避痛苦的趋势，是人类心理疾病的根源。

亲子关系不是完全对等的人际关系

如果说，大部分情况，我们都可以逃避的话，那么，孩子的到来，则让妈妈们无处可逃。亲人和朋友会包容我们，但孩子只是凭天性和直觉生活，亲子关系不是完全对等的人际关系。我们的情绪和成熟程度，我们对生命的理解和态度，我们处理亲密关系的能力，被这个小生命映照得一览无余。从某种意义上说，孩子是父母的老师，他来到这个世界上，督促父母把从前忽略的课程补上，不断完善自己的人生地图。

如果我们处理不了与自己、与他人的关系，怎能处理好与孩子的关系？

如果我们对这个世界不再好奇，怎么能留住孩子的好奇心？

有位妈妈感慨：我现在才理解"孩子是天使"这句话，如果不是养育他遇到困难，我不会去探索，不会深刻反思自己的成长历程和思维模式。现在，我的生命在走向开阔，这是孩子带来的改变。

如果我们抗拒成长，就会把成长的任务转嫁到孩子身上。

如果我们不能接纳自己，对自己不满意，就格外需要一个令人满意的孩子。

如果我们不能处理好亲子关系，心中就会有一个"理想小孩"的形象，希望孩子主动符合我们的期待。

于是，家长几乎和孩子绑定在一起，共进退，同悲喜。孩子被老师夸奖了，这一天就非常愉悦；孩子考试考砸了，心情顿时灰暗下来。

如此一来，孩子就会变成人生最大的"创可贴"。一个孩子，很难担负两个人的成长任务，这样的状态，注定会出问题。

选择与孩子一起成长，意味着我们要重新审视三组最基本的关系，要面对人生的问题寻求答案，完善自我。我们并非过了18岁，便是真正意义上的成人，在某些时刻，我们只是大号的孩子。我们成长中积累了很多暗伤，许多成长任务并没有完成，与孩子相处，这些问题再次浮出水面，这也是很好的线索。当我们感到困顿、力不从心的时候，不妨停下来，看看到底是什么阻碍了我们。

孩子的教养拼的是父母的功底

当我们不再逃避，勇敢面对问题，也意味着离开心理舒适区，进入不确定的状态。世间最美的花朵都开在最艰辛的枝头，成长就是一个破茧成蝶的过程。成长意味着冒险，也伴随着痛苦，这也是我们回避成长最主要的原因。这个过程，会有煎熬，时常也会伴有迷茫和焦虑，但只要我们坚持思考，终究会找到解决的途径。面对困惑的时候,阅读会打开一扇窗,我们有必要了解一些心理学方面的知识。值得庆幸的是,现在通俗心理学著作的质量越来越高。我们会发现,每个问题解决之后,我们的人生都变得更通透、更顺畅,不会再被同一块石头绊倒。每个困境背后,都隐藏着人生的礼物。

教育的方法和技巧只是孩子成才的冰山一角。有时候,孩子的教育,拼的是父母的功底,拼的是父母的处世态度和人生感悟。也就是说,父母的整个人生,都会参与到教育中来。从现状来看,妈妈承担的教育责任更重一点。所以,人到中年,路要越走越宽才好。抛却繁华,洗手做羹汤,本来是件很幸福的事情。但是,仅仅懂得柴米油盐,会离孩子的精神世界越来越远。教育孩子的王道,是执着地栽培自己。

最理想的状态——孩子懂的,我们懂;孩子不懂的,我们也懂,至少,我们要与孩子有交集。这个漫长的求索过程,既是为自己,也是为孩子。孩子的起点,是父母的肩膀。如此说来,孩子永远不会有相同的起跑线。

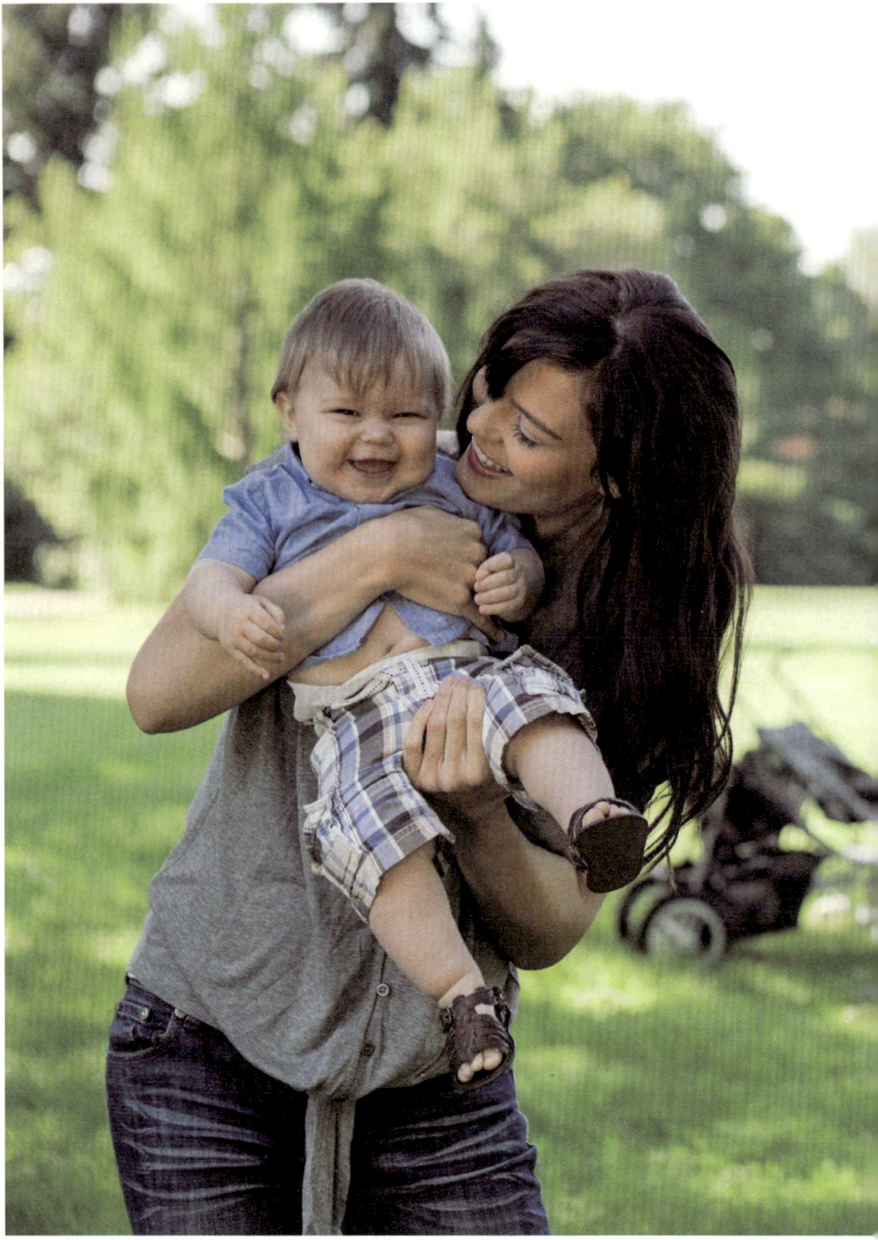

第三章
良性亲子互动，激发孩子的潜力

良好的亲子互动，能有效激发孩子的潜力。因此，父母要把握住孩子成长的五个黄金时期，培养孩子的乐观思维，让孩子学会诚信待人，同时培养孩子的学习力、专注力、自控力、承受挫折的能力等，让孩子树立正确的金钱观，为孩子的成长助力。

★ 建立优质的亲子关系

把握孩子成长的五个黄金期

社会心理学家爱利克·埃里克森研究指出，人的一生可以分为八个发展阶段，每一个阶段都有其心智成长的特定目标。如果在该阶段出于某些原因不能正常发展，这个人会在以后生活上出现一些问题，长大后他就需要补回这个过程，但要付出很大的代价。

埃里克森的研究结果，被现代的社会心理学家所尊崇，因为它解释了在不同社会里成年人性格和行为上出现种种偏差的成因。八个阶段的前五个，在一个人的 21 岁之前完成。

信任与不信任（0～1岁）

饿了，需要被喂食；受到惊吓，需要被拥抱；哭泣折腾，需要被安慰。

家长要让孩子知道他有多么重要，家长多么需要他。孩子会觉得生长在一个安全的环境中，长大后会是一个开朗及信任别人的人。

如果让孩子觉得生活在一个不安全的环境中，如哭泣的时候，被父母放在一旁不闻不问，伤心的时候没有拥抱来安慰。他长大后会表现出一种异乎寻常的害怕、胆小，拼命寻找一个依赖的对象，因此，他的感情容易出问题，出了问题还要极力地维持，展示出偏执，时时需要被人夸奖。

自主与羞愧（1～3岁）

这时候孩子开始学习如何控制自己的生理机能，注意到身体的能力。如果能够受到家长的尊重，他会获得充满自主的感觉，觉得自己对这个世界有一份影响力，会对任何事都充满自信。

若孩子在这个重要阶段得不到鼓励，或因为一点小失误受到批评、指责，如尿湿裤子的时候被家长责骂等，孩子容易害羞，觉得很惭愧。长大后，他会经常出现自卑，觉得自己不可爱，严重的会怀疑自己存在的理由。不知道自己真正需要些什么，没有力量拒绝别人。

主动性与内疚（3～6岁）

这个时期的孩子喜欢幻想，喜欢创造一些稀奇古怪的东西，喜欢按照自己的主意行事，喜欢主动帮助父母做任何事。

如果孩子在这时候得到家长的支持和认可，他会说出自己的想法，表达他的情绪，从而发展出健康、积极的好奇心。否则，孩子在尝试新事物时，家长经常阻止，甚至因为尝试而受到处罚，他会觉得内疚、有犯罪感，因此会停止他的主动性，转为秘密进行，甚至有意破坏东西。慢慢地，他就会不跟家长分享内心感受，经常感到无助，只会安慰别人，不懂处理自己的情绪。在与人相处中会不断地讨好别人。

勤勉与自卑（6～12岁）

这个时期的孩子，开始与别人竞争，同时开始与人比较自己的优缺点、样貌、家境等。如果家长和老师能鼓励孩子，发挥自己的优势，让孩子觉得自己与其他人一样优秀，孩子会受到激励，变得有活力。

反之，老师和家长经常严厉地批评孩子，或忙于工作忽略孩子，孩子就会产生不信任自己、不会主动去做事的习性。时间长了就会产生自己不如别人，不配去做某事的自卑心理。在学校他会避免参与任何竞赛。或相反，什么事都喜欢与人竞争、较劲；做事拖延，不知道如何达到目标。

身份的困惑（12～21岁）

这是孩子的青春期，许多的孩子就毁在这个阶段，许多的亲子关系就毁在这个阶段，许多的家庭就破碎在这个阶段。孩子开始寻找自己适应这个社会的方法，观察自己身体生理上的变化，对自己与异性间的身份进行界定，明白自己在家庭、学校中的身份定位，思考人生应该怎样过。

这个阶段应该：

允许孩子去探索他的梦想；支持孩子去尝试他的想法；接受孩子屡次的碰壁。少啰唆与评判，多理解与包容；少强逼与压制，多鼓励与沟通。

严重后果：

对自己的人生感到迷惘，表现出极其叛逆；做事没有毅力，经常三天打鱼两天晒网；不能确定自己的兴趣方向，经常换工作；需要不断地谈恋爱，才能维持自己内心对感情的确定；对家庭极不负责任，家里炮火连天。

人生每个阶段都极其重要，如果不清楚，胡乱对待孩子，今天我们种的因，就是明天孩子不幸福的果。父母是孩子最好的老师，最亲密的朋友，最安全的靠山；而家庭是孩子最好的学校，最温暖的港湾，最幸福的舞台。

建立优质的亲子关系

培养乐观思维，人生无往不胜

每个父母都希望自己的孩子快乐健康地成长，做一个乐观的人，面对坎坷和困难，要学会调整自己的心态和情绪，做一个乐观向上的人，做自己情绪的主人，不被生活所左右。

现代社会的生活条件越来越好，但是我们的抗压能力却越来越退化了。年轻人因忍受不了工作的压力而酗酒、滥交甚至挥刀在闹市中砍人。现在的孩子因为老师的训斥、罚站或者同学的玩笑，动不动就会产生成绩下降、怕见老师、厌学、自卑等消极情绪行为，更严重者会引发跳楼、自杀等一系列的社会问题。这些问题有一个基本点就是心态不够端正，不会把负面情绪转化为正能量，不够乐观，作为一个乐观的人，无论遇到多大的艰难和险境，他的脑海里都时刻警醒着他要保持冷静，要用积极乐观的心态去面对，船到桥头自然直，没有过不去的坎，最大的敌人不是别人，而是自己跟自己过不去。

什么才叫作乐观

乐观，是一种积极的性格因素之一。乐观就是无论什么情况下，都能保持良好的心态，也相信坏事情总会过去，相信阳光总会再来的心境。乐观的人，你总会看到他身上散发出来的都是满满的正能量，不会屈服于艰难险阻，迎难而上，这种精神是不可或缺的。

林肯是家喻户晓的名人，林肯虽生活坎坷，饱经挫折，却仍乐观地等待明天。纵观林肯的一生，他欢乐的时刻要远远少于悲痛与烦恼的时候，但他还在坚持不懈地拼搏。这一点就连他的对手都对他敬佩不已。我们会发现，做大事的人最后取得成功跟他的乐观是分不开的，都说阳光总在风雨后，不经历风雨怎能见彩虹，其实说到底，就是要用乐观的心态去面对所发生的一切，这样成功就离你不远了。

　　父母从孩子牙牙学语就开始注重培养孩子的情绪和性格，孩子被塑造出来的形象跟生长环境是有关系的，俗话说耳濡目染、潜移默化，一个人被熏陶多少都会受到影响。然而，对于孩子怎么培养出"乐观"的心态，却难倒了不少家长。

从思维方式培养乐观心态

　　乐观来源于人的脑部接收信息后表现出来的一种反应，那我们可以从根源上解决问题，从孩子的"思维方式"入手，塑造一个"乐观"的孩子会事半功倍。

建立优质的亲子关系

在生活中的许多细节里可以看出来不同的思维模式会产生不同的结果。两个人从同一个窗口看外面下雨,一个人很开心,觉得难得下雨,可以出去雨中散步浪漫一下;另一个人忧心忡忡,觉得"这倒霉的雨,出去鞋都弄脏了,还要刷鞋"。可以看到很多时候,乐观并不取决于环境,而取决于你对环境的认知和思维方式。

从孩子的"思维方式"入手,让他脑海里存在乐观的思维模式,对外界的事物干扰可以做出自我的判断,面对人生的曲折和坎坷,第一思维想到的不是散发负情绪,而是"先调整自己的心态,再想办法解决问题",这样的思维方式一旦培养起来了,以后无论发生多大的事情,他的抗压承受能力一定会比普通的人要强。

伊壁鸠鲁说过:人类不是被问题本身所困扰,而是被他们对问题的看法所困扰。所以当有些环境不可以改变时,学会用一种乐观的思维去认知和解读,去看到更多的积极面、阳光面,请记住:你永远可以选择让自己快乐。生活并没有主宰你,而是你在主宰生活,生活是多姿多彩的,还是单调无味的,都取决于你自己的选择。

人类的神经像一张蜘蛛网,人的思维就是通过这张网形成各式各样的思维模式,它会根据你出现的状况自动组合成一条适合你当下发生的思维处理

方式。"乐观"的孩子,他的思维会变得很活跃,思维里面的细胞不断地新陈代谢。其实人的器官变化,跟我们的心情和情绪有很大关联,人一直处在负面情绪中,那么时间久了器官也会处于瘫痪状态,思维方式也就只剩下负能量的细胞了。

学会换个角度看问题

同样的半杯水,不同心态的人看到的却是不一样的效果。悲观的人看到后想的是:"只剩半杯水了。"而乐观的人看到后会想:"还有半杯水呢!"看问题时两种截然不同的角度,造就了心理完全不同的状态,想让孩子做到真正的乐观,就得让他学会转换思维。孩子在面对事情时,学会换个角度去思考问题,得到的会是截然不同的结果。就好像孩子在前行的时候,前面遇到荆棘,后面却是悬崖无法后退,消极的人会站在原地等待发落,而积极乐观的人会换个角度思考解决办法,既然前面无法行走,是不是可以从旁边两侧过去呢?不管多严重的问题,只要你内心遵循这个原则,什么问题都会迎刃而解的。

父母的乐观思维影响孩子的乐观思维

孩子是最善于模仿的,而且似乎能直觉地感知你是否言行一致。所以,要培养孩子的乐观性格,父母首先要具有乐观的精神;其实培养乐观思维并不等于要改变自己的性格。正如前面所说,它只是一种思维习惯,只要持之以恒,是可以养成的。父母是孩子最好的老师，父母的思维散发出来的都是积极乐观的，那么孩子也会效仿这种思维方式，语言是思维的外壳，有时语言也可以反过来影响思维，时刻提醒自己注意肯定性语句的运用，是能形成自己的乐观思维的，父母的乐观思维对孩子正面影响是不可估量的。

快乐、乐观的性格对孩子将来的人生发展很重要。乐观主义者不但身体更健康，而且大部分生活也更快乐。

营造愉快的家庭氛围。家庭氛围、家庭成员之间的关系对孩子性格的形成有着重要的影响。调查显示，尽管儿童在牙牙学语前无法用语言表达，但他们能够感知到他们周围的情绪和气氛。可想而知，一个充满敌意甚至暴力的家庭，绝对无法培养出快乐、乐观的孩子。

不要过分教育孩子。身为家长，当然不能对孩子不加管教，听之任之，但过于严格的控制可能会抑制孩子天真的童心，对孩子的心理健康产生负面影响。还不如让孩子在不同年龄有不同的选择机会。只有一个孩子从小就享受到选择的权利，才能感受到真正的快乐和自在。

保持适当的自信心。有信心是和快乐性格的形成密切相关的。对于因为智力或能力有限而感到自卑的孩子，家长一定要找出他们的长处，多给予表扬和鼓励。家长和亲朋好友的积极肯定，无疑会帮助孩子克服自卑，树立信心。

教导孩子摆脱困境。就算是性格乐观的人，也不会事事都称心如意，也不会"永远幸福"。家长最好在孩子出生后的几个小时就注意培养他们应对困难、逆境的能力。如果孩子一时还不能摆脱困境，还可以教育孩子学会忍耐，或者在逆境来临时寻找其他精神寄托，比如参加体育活动、做游戏、聊天等。

让孩子多交朋友。社交能力差的孩子大多性格抑郁，因为他们有时会受寂寞的折磨，享受不到友谊的温暖。要鼓励孩子多交朋友，尤其是同龄朋友。自身性格内向，情绪低落的孩子更适合多交些开朗乐观的朋友。

教孩子学会与人和睦相处。与人和睦相处的人，其内心世界就会更加美好。家长可以带孩子去接触不同年龄、性别、性格、职业和社会地位的人，让他们学会如何与不同类型的人相处。当然，孩子首先要学会与父母、兄弟姐妹、亲戚和睦相处。另外，父母也要与他人和睦相处，做到热情、诚恳待人，不要势利、卑微，不要在背后说别人的坏话，给孩子做个好榜样。

培养孩子广泛兴趣。儿童如果只有一种爱好，就很难保持长久的快感。想象一下：只喜欢看电视的孩子，一旦晚上没有合适的节目，心里一定会郁郁寡欢。反之，如果孩子不喜欢看电视，还能够读报纸，或者玩游戏，也一样会很快乐。

建立优质的亲子关系

一诺千金，从父母做起

春秋时期有个鲁国人，名叫曾参，后人尊称他为曾子。他受孔子的教导，不但学识渊博，而且为人非常诚实，从不欺骗别人，对自己的孩子也是说到做到。

有一天，曾子的妻子要去赶集，孩子哭着叫着要和母亲一块儿去，于是其母哄孩子说："别去，等娘赶集回来给你杀猪吃。"母亲回来后，孩子嚷着要杀猪吃猪肉。其母对曾子说："我是哄小孩闹着玩的。"曾子严肃地对妻子说："对孩子就应该说到做到，不然，这不是明摆着让孩子学父母撒谎吗？大人都说话不算话，以后怎么教育孩子呢？"

这个故事成为千古流传的佳话，曾子也因此成为诚信的典范。它告诉我们，父母的言传身教对孩子的影响很大，身教胜过言传，在一个家庭里，父母是孩子的第一任老师，也是永远的老师。作为父母要以身作则，更要注意自己的一言一行，给孩子做一个榜样，教育孩子从小就做一个诚实守信的人。可如今，有不少家长为了让孩子学业长进，或给予物质刺激，或以分论奖，不断向孩子轻易许诺。这在一定程度上确实奏效，但家长往往在达到目的的时候，把自己的诺言忘得一干二净，或借故推脱。因此，不管是家长或其他亲人，我们都不要轻易许诺，一旦做出承诺就要说到做到，不放空炮，毫不保留地兑现自己当初的诺言，做到"言必信，行必果"。

信守承诺就好像坚守本身，坚守底线，底线不容侵犯，承诺亦是，遵守诺言就像在守卫你的荣誉一样。如何尽心尽力地以身作则去遵守对孩子的承诺呢？

　　身为家长，我们要学会有效引导，让孩子对自己说过的话负责。守信是一种负责任的表现，能够说到做到的人都是能够对自己或是对他人负责的人，同样也能获得别人的尊重。

　　对于家长本身，要做好榜样作用。父母遵守承诺是对孩子爱和关怀的一种表现，会给孩子带来安全感。

　　不要逼迫孩子许诺，特别是他们自己不能够胜任的事情，切记不要轻易答应别人，一旦答应别人，就必须履行承诺。

　　在必要的时候，让孩子体会到失信的害处。当孩子对承诺的重视程度有大幅度降低时，我们就可以采取"以其人之道还治其人之身"的方法，让孩子感受不守承诺的痛苦。

建立优质的亲子关系

爱做作业，爱上学习

对很多父母来说，陪孩子写作业这件事简直让人抓狂，让人无比焦虑。父母们甚至编出了又写实、又搞笑的段子："不谈做作业时，母慈子孝，连搂带抱。一涉及做作业，鸡飞狗跳，呜嗷喊叫，让路人耻笑，让老人血压升高，让邻居不能睡觉。前一秒如胶似漆，后一秒分道扬镳。"然而任由父母如何抓狂，孩子们似乎不太买账，依然是 30 分钟作业能做上 3 个小时，任父母们白脸气成黑脸、黑脸急成红脸，依然是一脸无辜，不知道发生了啥。

孩子做作业时如此磨蹭，父母甚至会怀疑自己是不是生了个傻儿子，可转眼看到孩子玩游戏的时候，那股机灵投入的鲜活劲头，又感觉孩子智商说不定比自己还高。父母们总是感叹，要是孩子在学习上能用上玩游戏的半分心思就好了。

其实，父母们要孩子爱上学习，还真得要向游戏设计来取经，游戏的设计可是符合心理学原理的。心理学上说一个活动能够强烈地吸引人们的注意力，必须做到三点：

①有明确的目标;
②难度跟人们的能力相匹配;
③有及时的反馈。

游戏就符合这三个条件,能让孩子自动进入专注状态。这在心理学上叫"心流",由积极心理学奠基人米哈里·契克森米哈赖提出。它是一种让人能够全神贯注在当前任务的状态,是专注力达到的最高境界。所以,要想孩子爱上写作业,父母把写作业搞得像玩游戏一样,就行了。

激发孩子的学习兴趣

孩子没有学习兴趣,写作业也是被家长强迫才硬着头皮写,如果孩子对学习有兴趣的话,他们就会很积极地去探索和学习,态度决定一切。其实学习最主要的就是体会到学习的重要性,而在这个过程中最好能激发自己的兴趣,这样学习就真的会变成探索和享受。所以我们要让孩子体会到学习的重要性和趣味性,比如学习英语的时候,父母也可以讲很多故事,以及幽默地联想,孩子会发现知识好有趣,把这个变成自己探索和学习的过程。

科学安排做作业时间

一般来说,小学低年级学生连续做作业的时间不能超过30

分钟，高年级的学生不超过1小时，如果超过这个时间，孩子就会出现"心理疲劳"，导致学习能力减弱，效率下降，错误率增加，这时，如果适当休息，疲劳得以解除，学习效率才能恢复。所以，当孩子长时间连续做作业时，应当给予休息的时间。研究表明，小学生做功课中间的休息，以5~10分钟最恰当。如孩子做2小时的作业，学习20分钟，休息10分钟，反复实施，效率最高。

适当奖励

现在时代不同，孩子们的生活也与以往大不相同，有的家长晚来得子或者生活条件变好之后，很容易意识不到自己对孩子的爱是溺爱。把孩子的生活和学习混为一谈，那样孩子会认为：我就是不想写作业，大不了挨一顿说教，反正也没什么事。这种情况下父母可以用激励法，比如按时完成作业才能得到自己原来可以得到的东西，成绩有进步才会答应孩子一件事。

给孩子提供良好的环境

这个环境并不是硬件环境，而是我们给孩子学习的空间，给孩子创造一个相对安静独立的学习环境，家长不要来回走动、大声喧哗。不要选择在孩子身边玩手机或电脑，在孩子旁边安静看书是不错的选择。不要孩子做完一道题就评判，打断孩子的思路。根据孩子的作业总量和做题的效率，估算作业需要完成的时间，让孩子在写作业前先定好闹钟，使闹钟在孩子完成作业的期限前10分钟响。

改变拖延的最小行动

想解决孩子缺乏时间管理意识的问题，还得先从问题出现的原因说起。很多家长认为孩子没有时间观念，是从他们"做事很磨蹭"得出来的结论，而孩子做事慢的原因，通常有以下几个：

缺乏时间概念。 孩子做事磨蹭，是因为他们不像成人一样具有"时间紧迫感"。因为时间概念模糊，他们觉得一件事如果不是非得做得快才有更好的结果，那么慢慢来也没什么问题。

对某些事不感兴趣。 做喜欢的事非常积极，不喜欢的事能怎么拖延就怎么拖延，慢吞吞的，这是很多孩子的通病。当孩子对一些事不感兴趣，而家长又坚持要让他们去做时，孩子就只有"磨时间"，敷衍了事了。

天生慢性子。 有些小孩不管外界发生怎样的变化，都不会轻易改变自己的行动轨迹，只全心沉浸在自己的小世界里，两耳不闻窗外事。这样的孩子一般性格比较安静沉稳，做起事来也是不慌不忙、慢条斯理的类型。

缺乏自信心。 有时候孩子做事慢，不是不想做，而是没自信怕挨批，所以做事时总是畏畏缩缩、瞻前顾后，自

建立优质的亲子关系

然也就快不到哪里去。如果大人这时不停催促孩子,孩子就会越发慌乱,做事越来越慢。

父母做了"榜样"。有些家长自己做事时不紧不慢,不到最后一刻绝不把事干完,这种"慢吞吞"的性格和做事方式当然会潜移默化地影响到孩子,让孩子养成做事磨蹭、没有时间观念的习惯。

家长包办一切。有些父母嫌孩子吃饭慢,就喂孩子吃;嫌孩子房间整理得不好,就帮孩子整理……时间一长,孩子就会养成依赖心理,且缺乏动手能力,很少能在合理的时间里做完该做的事情。

为了让孩子明白时间管理的重要性,提升孩子的做事效率,父母可以从以下七个方面来引导孩子:

明确时间的宝贵。认真地告诉孩子时间有多宝贵,一旦浪费了就再也找不回来了,跟孩子明确时间意味着什么,对人来说有多重要。

制定合适的做事时间表,研究发现:

★ 1岁以下婴儿集中注意力的时间不超过15秒;

★ 1岁半宝宝可集中注意力5分钟左右;

★ 2~3岁幼儿可集中注意力7~9分钟;

★ 4～6岁幼儿可集中注意力10～15分钟；

★ 7～10岁孩子可集中注意力15～20分钟。

家长可以根据孩子能够集中注意力的时长，找到孩子的精神"节奏"，给孩子制定合适的做事时间表。比如想让8岁孩子写作业1个小时，可以把1小时划分为3个20分钟，每学习20分钟，允许孩子休息3～5分钟后再继续学习（休息时间不要过长，也不要让孩子在这时看动画片或打游戏，这会影响孩子再次集中注意力）。

帮助孩子安排做事的顺序。 孩子往往分不清事情的重要程度。家长可以指导孩子如何分析事情的轻重缓急，并根据事情的重要程度安排好做事的顺序，让孩子通过思考，少做一些"无用功"，提高做事效率。

适当鼓励孩子。 没有时间观念的孩子，做事虽然会慢吞吞，

建立优质的亲子关系

但家长不要因此就催促、干扰他,而是要给他一个安静的环境,当他在规定时间内把事做完,父母可以给予明确的鼓励。

教孩子利用好碎片时间,并定期检查时间运用得是否合理。 在日常生活中,家长可以让孩子把自己的做事时间记录在小本子上,每周与孩子一起分析哪些地方浪费了时间,并讨论下次再发生同样的事情,怎么做才最合理,帮孩子减少浪费时间。

培养孩子专注力。 除了平时多陪孩子做一些益智游戏,家长也可以根据孩子兴趣所在,给孩子报特长班(如美术、音乐、书法等),在开发孩子思维的同时,也能培养孩子课堂上的专注力,逐渐提高做事效率。

尽量把事情交给孩子自己管理。 要给孩子自主权和空间,鼓励他独立做事、自己判断、自己选择、自己决定,把属于他的事情交给他,只在当孩子真的需要你的意见和提醒时才出现。想让孩子不再磨蹭拖拉,就要先从改变自己入手,用自己的言行去引导孩子、影响孩子。需要大人对自己有觉察,对孩子有同理心,还要有足够的耐心。

专注力,孩子未来的核心竞争力

专注是孩子需要培养的一种品格,它是一个人能高度集中于某一件事情的能力,是一项非常重要的心理素质,也是孩子未来的核心竞争力。正所谓:"书痴者文必工,艺痴者技必良。"从小训练孩子的专注力可以让孩子一开始就养成集中注意力的习惯。好的专注力是孩子今后学习的有力保障,而专注力不是天生的,它需要后天培养。当孩子的注意力总是被破坏,总得不到保护时,注意力就会慢慢涣散。所以,请让孩子从容地做完他投入的"工作"。在不受打扰的前提下,注意力是孩子自然具备的一项品质。

营造有利于集中注意力的家庭学习环境

孩子的书桌上,只能放书本等相应的学习用品,不可摆放玩具、食品;文具要简洁。孩子们都喜欢鲜艳、图案精美、功能多样的铅笔盒,铅笔盒功能则应该越简单越好,铅笔和橡皮也要造型简单、功能单一,避免孩子把它们当作玩具来玩;孩子的书房也要收拾得简洁明快,幼年的玩具要收起来,不要放在显眼的地方;孩子学习的时候,更不能有电视机、电话等声音干扰;父母也尽可能不在孩子学习时进进出出,大声干扰。此外,室内的光线也是一个容易被忽视的环节,光线柔和、适度有助于孩子集中注意力,为孩子创设安静、整洁的环境有利于集中孩子注意力。

改定时为定量

让孩子在规定时间内分阶段完成学习任务，改定时为定量。如果孩子能够专心完成，父母要给予一定鼓励（表扬、抚摸、亲吻等），并让他休息5～10分钟。再以同样的方式完成下面的学习。当孩子能够做得很好时，可逐步延长一次性集中做题的时间。要求孩子在审题的过程中，自己把题目的要求、条件用笔勾出来，以防止走神出错。这些都可加强孩子的自信，让他感觉"我能自觉集中精力做好一件事"。

多花时间陪伴孩子

如果家长们细心的话，应该会发现这样的现象，如果孩子做作业的时候，你在他旁边看着他，他完成作业的效率就比较高。

但若是你毫不关心他作业的进度,他也就拖拖拉拉,在写作业时做一些无关紧要的事情。这就是家长的陪伴对孩子造成的影响。

家长们想让孩子提高专注力,就要在孩子习惯养成的时间多陪陪孩子,让孩子体会到你对他的重视和鼓励。建议家长们给孩子准备一些合适的玩具,和孩子一起玩耍,让孩子劳逸结合,学习的效率才会更高。

视觉注意力训练

让孩子看一些照片或动物图片,并且提出一些问题。比如给孩子看一张照片,让他说说照片里都有什么人,几个男的、几个女的、几个大人、几个小孩儿、他们每个人都在干什么、手里拿的是什么等。又如让孩子观察并按大小排序,然后让他说出它们的数量、颜色等(这是蒙氏数学里面常运用的方法),不过让孩子观察的东西要不断变换,不然孩子就会失去兴趣了。

平时多鼓励,不干扰

当孩子专注于制作他的小手工或观察小动物而忘记了吃饭时,父母切记不要干扰孩子,而是耐心地等他完成。要知道,孩子沉浸于他兴趣的同时,就是在无意中培养自己的注意力呢。

要尽量减少对孩子唠叨和训斥的次数,让孩子感觉到他是时间的主人。教孩子学会分配时间,当他在相对短的时间内集中精力做好功课,便有更多的时间做其他事情。孩子学会自己掌控时间,有成功的感觉,做事会更加自信。

★ 建立优质的亲子关系

一次只做一件事

人的注意力资源是有限的,分配在性质不同的事情上面,会严重消耗注意力的有效性,尤其是孩子的注意力正在发展过程中,同时进行多件事情,会损害注意力的有效集中。所以,哪怕当孩子玩玩具的时候,也要关掉电视机;做作业的时候,不要放音乐。

大声读书有利于训练注意力

每天安排一个时间(5~10分钟)让孩子选择他们喜欢的儿歌或者童谣大声为父母朗读,这是一个使孩子口、眼、脑相互协调的过程。孩子在表演的过程中,尽量不读错、不读丢、不读断。他的注意力必须高度集中,把这种训练一直坚持下去。

不要给孩子买过多的玩具和书籍

我们经常看到这样的情形,家长给孩子买了很多的玩具和书籍,可是孩子往往是这本书翻两页,那本书翻两页,玩具也是,一会儿玩这个,一会儿玩那个。太多的书籍和玩具只会让孩子注意力涣散。

孩子的自控力如何养成

在信息爆炸时代，周围充斥着很多令我们分心的事物，因此自控力就显得愈加可贵。大多数人的自控力并不是与生俱来的，而需要从小培养。所以，当我们发现家中孩子做事情总是三心二意、丢三落四时，别总把这些表现当作孩子的天性而不加以纠正。不注重孩子的自控力的培养，这会让他在离开父母的管教后，生活变得没有秩序。

查找孩子自控力差的原因

外部世界诱惑太多，早年未形成有始有终的良好习惯，缺乏自己的人生理想和奋斗精神，以及学习兴趣淡薄等。其中，孩子自制力差，家长具有不可推卸的责任。有的父母看到孩子辛苦就承受不了，总是嘘寒问暖，导致孩子不能专心地做一件事；有的父母忙于工作，难得和孩子在一起沟通交流，长期的紧张气氛使孩子不能静下心来做事。另外，孩子的自制力差也可能是由中枢神经系统发育还不十分成熟、大脑额叶发展还不完善等原因造成的。

建立优质的亲子关系

家庭规矩默化孩子的自控力

在一个基本不设置规矩，或是规矩总是持续不长的家庭里，成长起来的孩子在生活上表现得比较随意。有一位朋友幼时因为其父母忙碌，家中基本不设置规矩。而当他进入大学后，吃饭与睡觉的时间则很随意，在学习方面的自控力也表现得较差。所以，建立好的家庭规矩，也是在默默地培养着孩子的自制力。而一套能培养孩子自控力的家庭规矩，至少需要以下两个条件：

·**规矩的创建者——父母需要遵守秩序。**你跟孩子说要保持健康，需要早睡早起。自己却经常过了半夜才睡，会使规矩没有说服力，因此规矩要覆盖整个家庭才能让孩子有动力去遵守。当然，父母们的规矩没必要跟孩子一模一样，可以根据不同的情况修改，只要有说服力即可。

·**规矩不要轻易地变更。**父母不能随意凭借自己的爱好去篡改规则，早上设定7点钟起床的规矩，时不时因为各种情况而变动，或是隔两三天就兴致勃勃地修改规矩。每一次修改规矩，都应有充分的理由并与孩子充分商量。

在规则意识下，孩子们会慢慢地去学习克制自己的欲望，学会遵守秩序。

学会管理情绪帮助提升自控力

孩子的身心还不成熟,遇到小挫折、小压力,经常会整个人陷入低落情绪中无法自拔,他的意志力也随之变得格外脆弱。而家长如果懂得在孩子成长过程中,帮助他宣泄和调整情绪,孩子就能逐渐懂得在各种困境与压力状态下保持自我,孩子们绝对能成为一个情商高、懂得自我控制的孩子。

孩子受到打击时,家长记得要提供情感的急救。 当孩子受到情感创伤时,父母不要急于谴责他或者埋怨别人,给孩子一些非批评性的抚慰帮助他走出创伤,帮助他宣泄情绪,别让他陷入自我谴责或怀疑别人的情绪之中,以免他沉浸在情绪中逃避问题。

不要攻击孩子的感受和想法。 当孩子惹麻烦时,严厉的批评或是尖酸的话会让孩子把时间浪费在自我谴责中,失去自我控制。用同情的话语引导他解决问题,则能帮助他正面面对问题,逐渐意识到责任感,主动解决而非拖延问题。

培养孩子的独立性。 一个独立、对自己负责的人通常都能够更好地控制自己。给孩子多些信任感,鼓励他多试着学习管理自己的事、零用钱、宠物等这些事项,尊重孩子在这些事项上做出的决定。

建立优质的亲子关系

运动也是自控力的基础

运动也是培养意志力的重要途径，能让孩子拥有持久的耐性、顽强的毅力。当然，这需要爸爸妈妈抽出时间陪伴孩子养成运动的习惯，并有意地选择能帮孩子培养自控力的运动。

慢跑是方便而简易的培养孩子意志力的运动。很多家长经常带着孩子去跑步。但是通常对孩子如何跑没有什么特别的要求。事实上，认真记录和鼓励孩子坚持慢跑，让他尝试一次次突破自己，进而锻炼他的意志力。

令人身心平静的运动帮助集中注意力。跟孩子一起做亲子瑜伽，或是呼吸，或是冥想，有利于孩子放松身心，学会如何集中精神，提高专注力。

户外拓展训练是培养意志力很好的选择。趁周末与孩子参加亲子定向越野、亲子定向寻宝等集体运动，除了训练体能，还可以提高孩子解决事情的耐性与坚持力。

减少干扰因素的影响

当孩子专心做一件事时,父母不应随意打断他而让他做另外的事。但在完成一项学习内容后,可以让孩子休息一会儿,吃点好吃的、听听歌曲、做做操,以此来作为孩子完成一项阶段性任务的奖励,而不至于使孩子的学习太乏味。

丰富孩子经历,培养孩子兴趣

从孩子感兴趣的事情中选出一项让孩子坚持下去。因为孩子的经验不足,感兴趣的东西有限,所以要尽量让孩子多接触新事物,从中培养孩子的兴趣。兴趣是最好的老师,孩子感兴趣才有可能坚持下去。

努力成为孩子的伙伴

父母要常常鼓励孩子,经常和孩子倾心交谈,要让孩子知道你一直关心他、爱他,从而使孩子产生做事的积极性。如果父母对孩子努力做的事不闻不问,这样就会使孩子感到失望,而放弃手中的事。对于孩子的进步应及时给予积极回应,多夸过程、少夸结果,多描述、少评价。这样会使孩子更加注重享受过程,更有坚持的动力。

鼓励孩子做计划

计划是自控力很重要的一部分。计划能力比较强的孩子,

建立优质的亲子关系

一般自控力也比较强。有研究表明，玩国际象棋的小朋友，会显示出更强的计划能力（实验是基于国际象棋做的，但其他棋类，如中国象棋、围棋等应该也是同样的效果）。所以玩棋类游戏，或许可以提高孩子的自控能力。当然，父母不要为了刻意培养孩子的计划能力而逼着孩子去学下棋。事实上，在生活的很多方面，都可以培养孩子的计划能力。比如去商场前，先计划好要买的东西（是买玩具还是买零食？是买一件玩具，还是买两件？）；到商场后，严格按照计划执行——不能出现计划买一件玩具，最后买回四五件的情况。让孩子习惯这种按计划买东西的方式，也可以避免出现孩子在商场满地打滚要求买这买那的情况。

要是计划买一件，但是遇到两件孩子特别喜欢的玩具怎么办？千万不要错过这个学习"取舍"和"计划"的好机会——让孩子选其中一件，然后和孩子商量好，一周后（或一个月后或孩子生日时）来买另一件，并在小本上记录下来作为凭证；然后信守承诺，按时把玩具买回来。

要提醒家长的一点是，家长在这件事上必须要有自控力，严格执行计划，否则给孩子留下一个"计划就是用来打破的"印象，反而会削弱孩子已经形成的自控力。

挫折教育是人生的必修课

现今的孩子大都是在万千宠爱中长大的,难免会出现任性、脆弱、自我、依赖性强、独立性差等问题。随着社会的进步、经济的发展,孩子们的生活条件更加优越了,这些"蜜罐罐"里长大的孩子们在享受优越生活条件的同时,如果不进行适当的挫折教育,可能会缺乏某些对他们终生发展都具有极重要意义的心理素质。所谓挫折教育,是指在正确的教育思想指导下,根据幼儿身心发展和教育的需要,创设或利用某种情景,提出某种难题,让幼儿通过动脑、动手来化解矛盾,从而使他们逐步形成对困难的承受能力和对环境的适应能力,培养出一种迎难而上的坚强意志。

我们的孩子,将来会生活在一个更多变数、更多不可预知风险的社会,他们的未来将要面对竞争激烈的职场、复杂的人际关系,肯定避免不了学业不顺,也会遇上情场失意、事业瓶颈、生

意失败……他的心理承受能力如何，直接关系到他的人生是否幸福，事业是否成功。从小给予孩子正确的引导，强化孩子的心理承受能力，是父母给予孩子受益一生的珍贵礼物。

孩子一生中既然免不了各种各样的挫折，我们在培养孩子面对各种挫折的同时，一定要给孩子关于生命的教育，珍爱我们的生命，享受人生中的起起落落，不断感悟人生、充实生命。挫折教育就是让孩子及早懂得"失败是生活的组成部分"这个道理。倘若不去引导孩子，便是让他在一种虚假的、隐瞒性的优越氛围中长大成人，认为自己的孩子完美无缺而加以溺爱是不足取的。我们和自己的孩子都必须学会以失败为师。每一次我们付出努力而没能成功时，每一次我们受到批评，甚至无端指责时，我们都可以从中得到一些对我们本身和我们的行动方式具有宝贵价值的教益。掌握对待失败的能力，是成长和成熟的一项重要标志。在成长的过程中，每天都经受一点小挫折的人，经过多年的磨炼，会具备一种在困境中生存的能力。无论出现什么样的困难，他们都不会轻易被摧垮，更不会选择结束自己的生命。

在挫折教育中，要因人而异

首先，根据孩子的性格进行挫折教育。由于人与人在气质、性格、能力等方面存在种种差异，同一挫折对不同的孩子产生的心理反应不同。因此，家长对孩子的挫折教育要因材施教。如果自己的孩子自尊心较强，好强、好面子，这一类孩子遇到挫折容易产生沮丧心理，对这类孩子父母不要过多地埋怨、批评，而是

应点到为止，多加鼓励；较自卑的孩子，本来对自己的能力就缺乏信心，父母切忌过多指责，而要多加安慰，要善于发现他们的长处，创造成功的机会，增强其自信心。

其次，要根据孩子的能力进行教育。能力较强的孩子遇到挫折时，家长应重在启发，让他们发现受挫的原因，放手让他们去解决问题；能力较弱的孩子，应该帮助他确立切合实际的目标，制订由低到高、由易到难的计划，使孩子既能避免产生恐惧心理，又能不断地看到自己的进步，从而逐步形成克服困难和挫折的能力。

摆正态度——该放手时就放手

先看个大家都不陌生的故事：一天，一只蝴蝶幼虫的茧上裂开了一个小口。有一个人正好看到这一幕：蝴蝶在艰难地将身体从那个小口中一点一点地挣扎出来。可是，几个小时过去了，蝴蝶似乎没有任何进展。看样子它似乎已经竭尽全力，不能再前进

建立优质的亲子关系

一步了。这个人看得实在有些心疼，决定帮助一下蝴蝶。他取来一把剪刀，小心翼翼地将茧破开，蝴蝶很容易地挣脱了出来。但它可怜的身体萎缩着，翅膀也紧贴着身体。他满怀希冀，期待着在某一时刻，蝴蝶的翅膀会打开并伸展，足以支撑它的身体，成为一只健康美丽的蝴蝶。然而，这一刻始终没有出现。实际上，这只蝴蝶在余下的时间都在用它可怜的萎缩着的身子和瘪塌的翅膀在爬行，它永远也没能飞起来。"好心人"并不知道，蝴蝶只有通过从茧上的小口挣扎而出这一挤压过程将体液从身体挤压到翅膀，它才能在艰难的破茧而出后展翅飞翔。

青少年阶段是增强心理承受力的最佳时期，因此，很多时候我们父母应该让孩子学会独立面对。家长要有耐心，要给孩子解决问题和受挫后恢复的时间，否则伸手就帮助可能会给孩子造成更大的伤害。无论遇到什么暂时的挫折，只要坚定信念，终会领悟到挫折在孩子成长中的奥妙。

让孩子树立正确的金钱观

金钱观是对金钱的根本看法和态度。我们都知道有了钱就可以拥有许多东西,就能建立一个在物质上比较富裕的家庭,也就能过较为舒适的物质生活。但是,幸福的生活除了物质享受之外,精神上的愉快也很重要。正确的金钱观能让我们对钱有一种正确的认识,要"取之有道,用之有度"。

如果孩子没有正确的金钱观,只知道钱是个好东西,认为钱是万能的,有了钱就能拥有自己想要的一切,就容易变得拜金、自私自利、唯利是图。同时,没有正确的金钱观,孩子就不会懂得金钱是通过辛勤的劳动付出得来的,想花钱就跟父母或长辈要,由此,他们会觉得父母给自己花钱是天经地义的事情。慢慢地,孩子就会形成挥霍、浪费、没有节制的消费习惯,而且还会变得不懂得珍惜,没有感恩之心,不懂得孝顺父母。有一天,当父母不愿意给孩子零花钱时,孩子很可能会产生怨恨心理,甚至引发相当可怕的结局……因此,树立孩子正确的金钱观,从根本上说,就是为了让孩子积极健康地成长。

为了培养孩子正确的金钱观,应该从以下五方面入手:

让孩子越早认识钱越好

当孩子还小的时候,可以开始教他们分辨不同硬币、纸币的价值,然后可以给孩子准备存钱罐,教他们把零花钱放到存钱罐里。有个实质的存钱罐可以让孩子清楚感觉到金钱存放的地方,并且实际看到、感觉到金钱的累积过程。

帮助孩子养成存钱的习惯

当孩子大一些的时候,就可以将孩子存钱罐里的钱拿出来,带孩子到附近的银行开一个孩子的专属账户。开设银行账户的好处,除了可以让孩子真正了解金钱存放的地方,更可以让孩子实际感觉到钱存放到银行可以赚取更多的钱,从而了解利息是什么。

适当给孩子零用钱

许多父母会认为孩子跟钱的事情无关,他们没有能力,也不需要管理金钱。孩子需要钱就跟父母开口,父母愿意给就给,不愿意给就不给,金钱的事情完全掌握在父母手中。这样的观念其实并不正确。给孩子一些零用钱,可以让孩子提早认识金钱,也可以让孩子从小养成存钱的习惯,是帮助孩子提早体会责任感的好方式。

帮助孩子学会合理分配金钱

在孩子的零用钱少于想要买的东西时,可以让孩子将想买的东西列出优先次序,这样可以让孩子学会如何取舍,了解很多时候不是想要的东西全部都可以得到。平时带孩子去商店的时候,也可以让孩子在众多商品当中,选择一样真正想要的东西购买。当孩子面对很多玩具或糖果时,往往很难取舍,或想要多拿几样,这时父母一定要告诉孩子,只能够选一种,渐渐地,孩子就会学习到如何做决定。

告诉孩子钱不是万能的

在培养孩子金钱观时,家长要告诉孩子钱的用途虽然广泛,但也有局限性,并不是万能的。很多东西不是只要有钱就可以得到的,比如幸福的生活。

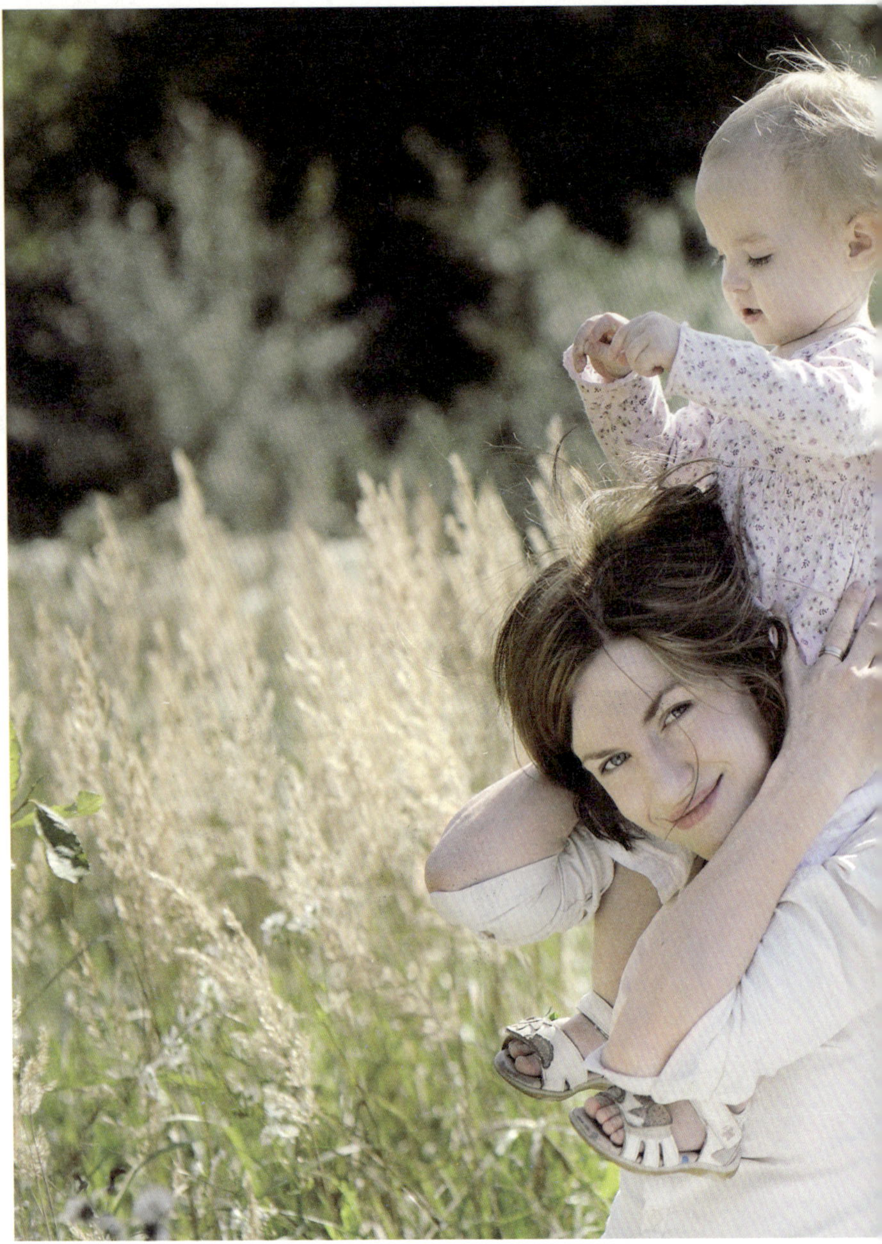

第四章
高质量的陪伴，
胜过朝夕相处

  高质量的陪伴并不仅仅是我们和孩子同处一个空间，而是我们能看到孩子，接受孩子有情绪，接受孩子会犯错，理解孩子行为背后的原因，能听得懂孩子的抱怨，并且愿意花时间跟孩子接触，帮助孩子解决问题。

建立优质的亲子关系

做好情绪引导,让亲子沟通更顺畅

"孩子两岁多,平时自己上班,孩子由爷爷奶奶带着。最近孩子动不动就生气、发脾气、趴在地上哇哇大哭,让人不知所措。"

这种情况,往往是家里老人带孩子,老人希望孩子像他一样安静不动,但孩子喜欢探索、喜欢试错、喜欢一切新奇的东西,当老人想控制孩子的时候,孩子肯定不愿意,可他又表达不清,只能哇哇大哭。大人压制了孩子而不自知,还怪孩子出了问题。另外,如果大人学会情感引导,教孩子学会沟通,学会表达自己的情感,而大人又能够做到理解、接纳孩子,亲子沟通就会顺畅得多,孩子也就不至于遇到一点小事就哇哇大哭了。

教会孩子使用一些情感类的词语

比如这叫作"沮丧",这叫作"开心",这叫作"分享",这叫作"快乐",这叫作"协调"。比如,看动画片的时候,有个动画人物的头被砸了一下,这时候你可以问孩子:"你觉得他的感觉是什么?他心里在想什么?"这样做可以帮助孩子学会理解他人。

给孩子埋下一颗种子

比如,今天晚上要带孩子出去吃饭。吃饭之前,你告诉孩子:"今天晚上,咱们要一块儿去吃饭。进入包间以后,咱们不能到处乱跑,也不能大声叫喊,这是咱们今天晚上吃饭的要求。"

在出发之前讲一次,在路上讲一次,到了饭店的时候再跟孩子确认一次,这就叫作"埋下种子",让孩子知道怎么做是对的。

不断地观察和判断孩子

仅仅有种子,孩子未必能够做得到,要知道孩子此刻的状态是什么样的?他在不在情绪正常的范围内,还是逐渐地开始失控了。当孩子情绪失控的时候,家长一定要懂得倾听,比如蹲下来,望着他的眼睛,问问他到底是什么样的感觉。如果孩子真的生气了,这里有一个非常重要的方法,叫作"反映情感"。比如说:"妈妈理解你现在很生气。"当你能够准确地反映出孩子此刻的感受时,他的情绪才会逐渐恢复。否则,和孩子讲道理是没有用的。

引导孩子解决问题

问问孩子怎样才能解决问题。比如:"你觉得怎样才能够和小朋友好好地相处?""你觉得怎样能够让大家都开心,不打架?"引导孩子来解决问题,是情感引导的关键步骤。

在孩子做对时,要告诉孩子:"你刚刚这个行为做得很好,这个行为叫作……"这就是情感引导。

建立优质的亲子关系

带孩子去旅行，让亲子关系更亲密

很多父母不愿意带孩子去旅行，原因很直接，一是孩子太小，看什么都记不住，去了也白去，浪费金钱和精力；二是小孩子出去爱生病，在人生地不熟的地方不安全，吃不习惯、玩不好；三是出去要带很多孩子的东西，大人还要照顾孩子，陪孩子太累，玩得不尽兴。

然而现在有很多的年轻父母已经不满足于在家中养育孩子了，他们坚信，把孩子带出门去旅行，会让自己的孩子拥有更强健的体魄、更广阔的见闻和更丰富的人生经历。至于所谓的麻烦、危险、孩子小等因素，通通都不成为理由了。

为什么要带着孩子去旅行

增长见识。哈佛大学的一任校长曾说过,一个人生活的广度决定他的优秀程度。而从小开始的旅程就是拓展生活的广度的起点。当然,带孩子旅行,不一定要出国,也不一定非要去著名的景点,只要能经常让孩子体验不同的环境,在陌生喧闹的人群中鼓起勇气去听、去看、去感受,这就是一种成长。当孩子每次来到一个陌生的城市,父母就要认真地同他讲这个城市特殊的文化,在之后的旅行中,他也会看到并真切地感受到当地的文化,这无疑增长了他的见识,更能让他印象深刻。

提升能力。孩子为什么要学习、读书,因为这是孩子了解世界的一种重要方式,其实了解世界的方法有很多种:书籍、影像资料、和别人聊天,但没有哪一种方式比身临其境更奏效、更让人印象深刻。当孩子处于陌生的环境时,那么自身的弱点都容易暴露出来,父母要先让孩子知道一些求救的场所,告诉孩子如"迷路了要找警察叔叔"之类的,提前和孩子约定,如果不小心找不到爸爸妈妈该怎么办等。这些知识如果是在家里,在孩子熟悉的环境,他就不会特别注意,但是如果他在处于陌生环境,他会非常重视父母说的这些,随之他自身的防范意识、自我保护的能力也会提高。

学会遵守规则。在旅行中,孩子更能学会遵守规则,培养良好的人格和品质。旅行中让孩子有更多的机会面对不同的考验,学着长大。比如去游乐场要排队、与别人分享食物、要按时起床、

哭闹无法解决问题等，也许父母会惊讶地发现，孩子不但能改正一些生活中的坏习惯，同时还能学会关心别人、控制自己的良好品格。

父母要做充分的安排

一场家庭旅行往往会给全家人都留下美好的回忆。不过，它既可能是一场噩梦，也可能会充满乐趣，这取决于父母的态度以及事先做了多少计划：带着孩子做什么和去哪里，能成就一个假期，也可以毁掉一个假期。要想有一次完美的旅行，就必须考虑孩子的需要。

孩子的身体比起成年人来说，还是有所不及的，因此在带着孩子旅行的时候，去哪里、怎么去就显得格外重要。这里有两个必须要考虑的因素，如目的地的温度状况如何，还有去那个地方是否麻烦，因为孩子不能够长时间乘车，这样对他们身体不好。

带着孩子，最好不要进行匆忙的"赶场式旅游"，这样的旅行对孩子来说意义不大。父母得在出发前就规划好，到达的时候应该充分给予孩子适应当地气候和气温的时间。适当的休息也很重要，不要让旅行打乱孩子的生物钟。

旅行是为了"说走就走"，太多的累赘反而会拖累父母，让他们分神无法照顾到孩子。所以旅行时最好只带上孩子的必需品，防虫药物什么的也不能少。看风景固然重要，但应记住，孩子的健康才是第一位。

让孩子参与准备

当父母想带孩子去旅行时,有时候需要父母待在家里做更多的准备工作。不过,让孩子们越多地参与计划假期的安排和杂事,假期就越会成为"大家的假期",孩子也会更有兴趣、更听话。父母可以适当安排孩子自己整理行李、帮忙装车、收拾吃的东西等。根据旅行目的地的气候状况和将要进行的活动,和孩子一起列一份清单,让他们自己准备需要的衣服用品。孩子参与得越多,父母也能更顺利地与孩子沟通。

当旅行结束,父母有必要和孩子坐下来,一起谈谈旅途中对每个人来说最特别的东西,全家人一起整理照片,挑出最喜欢的照片冲洗,放在相册里,让孩子充分感受到家庭旅行的意义。

建立优质的亲子关系

陪孩子玩游戏,激发头脑活力

对于孩子来说,玩就是他们生活的一部分甚至是全部,现在的孩子并不缺少玩具,而是缺少家长陪他们一起玩。很多孩子都是十几件玩具数量起步,从小到大不知道扔了多少可能就玩了一两次就腻了的玩具。每一次孩子央求和家长一起玩的时候,有的家长就会疑虑,既然有那么多玩具了,为什么不自己玩还需要别人陪着?父母需要明白,即使现在的玩具做得再精美,孩子也依然离不开家长的陪伴。

和孩子一起玩游戏,能够促进家长与孩子之间的亲子互动,如果家长只是坐在一边低头玩手机而没有和他们交流的话,就会给孩子一种不被关注的感觉。产生隔阂,在游戏中重要的不是玩什么,而是要和孩子互动,产生接触和沟通,在玩闹的过程中,

更容易消除距离感，加强情感交流。

如果家长能够陪着孩子玩游戏，从中还能引导孩子培养规则意识。所有的游戏都需要按照规则来玩才有趣，在和孩子玩的过程中，家长以身作则，和孩子一起遵守游戏规则，不耍赖，就能培养孩子的规则意识。孩子就会慢慢从中得到经验，进而学会遵守家庭、学校、社会的规则，在家长引导下，孩子对游戏失败后的反思和事后玩具的整理都能以良好的心态去面对。

游戏可以反映人很多的品质，在游戏中家长可以发现孩子的天赋与兴趣，认识到之后才能够有针对性地进行培养，除此之外还能够发现孩子的性格特点。在玩的过程中观察孩子是如何面对失败和困难，这些都能够帮助家长更好地了解孩子，从而引导教育。

父母在游戏中要做什么

在游戏中悉心引导

当孩子玩游戏时，家长要做的不是与他们竞争，而是要引导，多关注孩子的积极面，并且有意识地通过游戏培养孩子积极向上的态度。在游戏的过程中要多观察孩子的情绪和行为，当孩子有积极表现的时候给他们鼓励和关注，比如说孩子坚持不放弃，或者是在失败的时候也不气馁，严格遵守游戏规则等，并及时给他们鼓励。

在孩子能够处理好之后，指出他们的优点。而在孩子犯错的时候也不要严厉批评或者仗着自己是大人就随便破坏规则，要通过提问的方式引导孩子思考，比如在放风筝的时候孩子不得要领，家长不要马上给出意见，而是要观察孩子有没有做其他尝试，如果有就给他们提示，让孩子自己找出解决的办法。

选择积极游戏

在游戏的选择上，家长也要多选择一些有积极意义引导的游戏，在角色扮演的游戏中家长其实能够教会孩子很多东西，比如说每个职业要做什么，或者是做事情的规矩，又或者是一些常识等。让孩子了解职业的内容和意义，尊重每个职业，通过扮演家长来让孩子学习换位思考等。

在游戏中培养天赋

如果孩子喜欢运动，家长就可以多陪着孩子到户外去，让他们将运动变成一项兴趣，甚至可以发现他们的天赋。家长的陪伴不会让孩子对运动感到枯燥和厌恶，反而让他们能够感受到运动带来的快乐。如果孩子喜欢阅读，那家长就可以多陪他们一起读书，让孩子试着复述故事，能够培养他们的语言表达能力和逻辑思维能力还有记忆力。还可以让孩子看图讲故事，这样也能锻炼孩子的观察力和想象力。先让孩子仔细看图上都有什么，根据画面判断故事发展的情景，进而展开联想。

父母在游戏中是什么角色

陪伴者

在游戏的过程中家长可以更好地了解孩子的内心世界。陪孩子玩的过程中家长应该展现出来的是包容,父母在陪伴孩子玩的时候充当的是各种各样的角色,大部分时间都是单纯的游戏伙伴。家长会根据孩子的年龄和性格来陪伴他们玩耍,因为家长是最了解孩子的人,所以这对于很多家长来说没有什么难度。如果想要让孩子学会挑战,就要适当调整游戏的难度,让孩子在玩的过程中学习更多技能,累积经验。但也不能一味地为了让孩子提高,就一下子选择很难的游戏,这样会让孩子失去耐心和信心。在游戏的过程中,家长应该做一个细心的观察者,留意孩子的情绪变化,根据孩子的情绪来选择适合他们的游戏。

仲裁者

第二个角色就是仲裁者,孩子在和同龄人玩耍的时候有可能会出现打闹或者矛盾,孩子玩耍出现小问题是很正常的,年幼的孩子没有掌握独立处理矛盾的能力。他们通常以自我为中心来感受世界和表达情绪,如果孩子出手打人或者乱丢东西有可能就会伤害到别人,此时就需要父母介入,让孩子重新回到正常的游戏秩序当中。

引导者

父母在游戏的过程中除了要引导孩子按照规则玩游戏之外,还可以引导他们学习知识,累积经验。在引导过程中不要伤及孩

建立优质的亲子关系

子的情绪，努力做到呵护兼引导。当孩子在情绪上表现得很激动的时候，家长要有足够的耐心，表现出足够的认同和包容，引导孩子正确认识自己的情绪，并寻找解决方法。如果家长能够在游戏中引导孩子，他们就会变得适应能力很强，不冲动，喜欢遵守规则，变得更加聪明，与同伴友好相处。想要在游戏中获得更多，父母就要先和孩子建立良好的亲子关系，建立彼此的信任感。父母与孩子形成什么样的关系，对孩子未来的学业和生活都会有很大的影响，对人际沟通、处事能力都是一种培养。

在家庭中家长和孩子的关系稳定，具有良好的信赖感时，孩子和同伴及其他人也更容易形成稳定且良好的关系。对周围的环境也容易形成更加积极的探索倾向。孩子将来在面对事情时会用什么样的情绪去面对，大多数都是从小在父母身边耳濡目染学到的，夫妻关系和谐，亲子关系温馨，即使面对矛盾，孩子也能够学会用对话的方式解决。

所谓亲子陪伴不是单纯地带着孩子去到游戏的场所，然后看着孩子玩，自己在一旁玩手机。陪同不等于陪伴，管教也不等于陪伴。有的全职家长说，我整天都和他在一起，大事小事都管着，这不叫陪同吗？孩子需要衣食住行的照顾，但同时也不能忽略情绪和内心的呵护，甚至有的家长觉得只要满足孩子的物质需求就够了，给他们报一些兴趣班，自然孩子的能力就会有提升。但其实教育不应该只是重视技能或者学习成绩的提高，没有父母的爱陪伴成长，孩子的心灵是得不到滋养的，心理缺失就不会有美好的未来。

孩子的成长父母都不能缺席，妈妈能够给到细心和细致，爸爸则能够教会孩子勇敢，所以在陪孩子一起玩耍的时候，父母最好都在，爸爸和妈妈的共同教育和陪伴能使孩子拥有一个完整的人格。

高质量的陪伴就是哪怕再忙也要抽出时间，全身心投入与孩子的游戏当中，放下工作、放下手机、放下网络，和孩子在一起阅读、游戏、聊天。让这段时间纯粹属于家长和孩子，时长不重要，重要的是要纯粹的陪伴。在过程中要和孩子有沟通和互动，有的家长会说听不懂孩子在说什么，或者不明白孩子天马行空的思维，要用包容的心态去试着走进孩子的内心世界。陪伴的意义应该是让孩子在过程中能够有所成长，比如和父母一起玩游戏能学会团结协作，与父母一起阅读能学会从故事中获得道理，其实游戏也是成长的一种形式，不要小瞧游戏。

★ 建立优质的亲子关系

放下手机，才能陪好孩子

很多爸爸妈妈回家的第一件事就是拿起手机，刷微博、看微信、追网剧……就连上卫生间也要带着手机，可以待上半小时。陷进沙发，手机半天不离手，眼皮从不抬一下，半天也不肯挪窝。

这就是很多爸爸妈妈的常态，总之，手机比孩子还亲。殊不知，当我们沉迷在手机中无法自拔时，却完全没有意识到我们给孩子带来多大的负面影响。

首先，如果我们长期因为手机而忽略了孩子，这种"冷漠"本身就是一种冷暴力。爱的反义词不是恨，而是"冷漠"。孩子感觉不到我们的爱，自然也不愿再跟我们交流。长此以往，孩子的性格渐渐地会变得孤僻，甚至走向自闭。这不是耸人听闻，哈佛心理学家研究发现，那些长期沉迷于手机的家长，往往缺乏与孩子的沟通，在这种环境下成长起来的孩子，性格大多暴躁、被动，对挫折的承受能力差。

其次，所谓"言传不如身教"，当我们沉迷于手机，孩子就会模仿我们，逐渐沉迷在手机网络和游戏中。而我们身边，这样的例子也屡见不鲜。记得近几年很火的综艺节目《变形记》，其中一集就曾拍到一位爸爸着迷地在玩手机游戏，镜头都扫到手机画面了，他还浑然不知。如此"榜样"，也难怪网友纷纷留言评论："管住自己的手，才能管好孩子"。

让我们放下手机，别再让孩子绝望地喊着："爸爸妈妈，世界上最远的距离是我在你身边，你却在玩手机。"

高质量的陪伴不是做作业守在身边，孩子做作业我们看手机，而是：一、定规矩，二、守秩序，三、坚持下去。

定好规矩

爸爸妈妈们要以身作则，跟孩子做好约定，大家彼此互相监督使用手机，比如用《家庭公约》的形式规定吃饭不玩手机，散步不带手机、睡觉之前不看手机等。

比如，和孩子约定，放学回家后把手机放在一个水果篮里，大家都不玩手机。晚上9点之前都是亲子时间，看看电视、聊聊天、玩玩扑克、健健身，一家人其乐融融。

★ 建立优质的亲子关系

放下权威守秩序

爸爸妈妈们在家时要多抽时间陪孩子聊天、阅读、散步，或者一起疯玩都可以。放下自己作为家长的权威，跟孩子成为朋友，才能更好地陪伴孩子成长。

坚持下去

"绳锯木断""水滴石穿"，只有爸爸妈妈带头，引领孩子一起养成良好的使用手机习惯，坚持才会带来大的改变，最后形成良好的家风。

不负时光，和孩子一起运动

生命在于运动，孩子的运动习惯和氛围需要家长去营造。家长喜欢运动才能带动孩子爱上运动，尤其是在周末，家长可以带上孩子爬山、游泳、打球，或者做一些有氧运动，这些在孩子小的时候，运动的小细胞就得注入孩子的身体里面了，让孩子随着年龄的增长，慢慢地凸显自己喜欢的运动项目，在家长的陪同和参与下慢慢地渗入日常生活中，养成运动的好习惯。

合理安排每天的运动时间

大多数的父母会觉得孩子被学习安排得满满当当，哪里还有时间运动，但是这样的想法是错的。大多数有时间运动的孩子，都是合理安排时间的，一天当中白天的时间基本上孩子都是在学校，学校也有适当的体育课，配合老师好好地上体育课也是得到运动的一种方式。

在孩子放学的间隙，适当地让孩子稍微休息一下，做做轻松的运动，下楼走走，这些都是小日常，或者在家跳跳绳，做做俯卧撑、瑜伽，这些都是室内可以完成的小运动，所以能够合理安排运动的时间。

营造运动的氛围

当孩子在运动的时候，父母有时间就可以多参与，营造运动

建立优质的亲子关系

的氛围,运动的氛围好了,孩子会有坚持下去的信心,同时在日复一日的运动中,慢慢地就会养成运动的习惯,这些习惯可能就跟随着孩子一生了。习惯的养成会融入日常生活中,所以父母的参与,可以给孩子带来更好的运动氛围。

选择孩子喜欢的运动项目

在孩子小的时候,让孩子多参与到更多的运动中去。在这些运动中找到自己感兴趣的项目,兴趣是最好的老师,自己喜欢的运动项目就会持之以恒地锻炼下去。在紧张的学习氛围中,从运动当中获得释放自己的机会,所以让孩子选择自己喜欢的运动项目,并且给他们制定合理的时间锻炼,让运动成为孩子一生的习惯。运动会使人快乐,会让我们的身体更健康,所以运动习惯要从小开始培养并且要持之以恒地坚持。万事开头难,在孩子刚开始的阶段需要父母的耐心陪伴和引导,一旦形成习惯之后,这些习惯可能伴随孩子一生,孩子爱运动,会让他们更加快乐。

亲子阅读，增进感情

孩子和父母通过书和阅读建立联系，增进沟通，丰富孩子的课外阅读。孩子与父母一起阅读，可以共同汲取知识、共同进步，孩子与父母的沟通增加了，感情也会递增，可以共同收获读书带来的欢笑与共鸣。通过亲子阅读，可以让孩子更勇敢、有自信、对知识更渴望，最后收获快乐的果实。

亲子阅读的关键期

3～6岁是父母培养儿童阅读的最佳时期。这一时期儿童的语言能力开始慢慢形成，孩子开始接受新的知识，认识他们眼中的社会，所以父母要有效利用这一时期，充分培养孩子的阅读能力。当然从孩子出生开始，就可以适当阅读，但是要慢慢培养，不可过分要求，太心急。

亲子阅读可以有效培养孩子阅读的兴趣，锻炼他们的口才和表述能力，拓宽他们的眼界，培养他们的情操，让读书成为孩子的爱好和习惯。

亲子阅读可以培养孩子独立思考的能力，锻炼他们的思维，是一种自主性的学习。如果在小时候就奠定了基础，对以后的学习和成长都有很大的帮助。

亲子阅读可以让小朋友更喜欢与父母交流，体会到他们对自己的亲情和爱，感受到母爱和父爱的伟大以及对自己的关心和爱护，这对孩子的心理健康很重要。

亲子阅读可以通过很多方面开发孩子的脑力。阅读不但可以增加阅读方面的能力，还可以全方位地激发孩子各方面的能力，更重要的是，它起着启蒙的作用。

亲子阅读可以促进思想乃至心灵上的交流，产生共鸣。从小培养，到长大后，孩子会更愿意与父母分享自己的思想，更愿意交流。

如何选择亲子阅读书籍

1周岁前

1岁以前的婴儿还是懵懂时期，拿到什么就喜欢塞在嘴里，喜欢乱扔，所以应选择清洗方便和灭菌的无毒合成树脂或布制成的书籍。这些书籍也比较结实，不容易被撕破。

这时期的婴儿对颜色的灵敏度很高,喜欢彩色的书籍,所以父母可以挑选那些文字不多,但是有很多鲜明的图案和插画的书籍,它们不但能培养孩子的语言水平,还可以引起婴儿的注意,增加他们的兴趣。

2周岁前

父母可以买一些耐翻阅的卡片式书籍给孩子,文字较少的儿歌类图书,或内容简单的童话书都是合适的选择。

3周岁前

3岁的宝宝已经有了不错的理解能力,对事物也有自己的认知,这时期应该尝试给孩子选择情节较丰富但容易理解的故事书,最好还有注释。开发孩子脑力和动手能力的图书或者启发性的书也是可以选择的。

3~6岁

这时期的孩子已经逐渐开始懂事,也有自己的思维了,对事物有着自己的想法。可以尝试着挑选较为复杂的书籍,百科全书等都是不错的选择。

如何开展亲子阅读

父母应提前熟悉内容

和孩子共读之前,父母应该提前熟悉内容,自己翻阅一下,思考书本传达了什么知识,和孩子共读时应该怎么朗读让孩子更有乐趣、更好掌握。

固定读书的时间

读书的时间不要一直变动,时间久了,就会变成一个很好的习惯。不需要每次阅读的时间很长,只要认真和专注地读 10 分钟,就会很有效果,给孩子留下深刻的记忆。

朗读要富有感情

和孩子共读时,注意朗读的速度不用过快,可以模仿少儿节目中主持人的朗读方式,改变音调来读不同的人物,面部表情可以生动夸张一些,读到精彩部分时,可以故意慢下来,吸引孩子,让孩子注意力更加集中。

阅读时可以玩耍

孩子的年纪过小,在阅读的时候难免会坐不住,爱动,这时父母不必压抑孩子爱玩的天性,他们在玩的时候,同时为他们朗读。阅读书籍也可以随着他们的喜好,可以读一会儿,然后逗他们笑,书籍对于这时候的孩子而言可能只是玩具,家长只需要让孩子体会到读书的乐趣。

别唠叨，那会把孩子推得更远

唠叨的妈妈恐怕是孩子童年最大的烦恼了，在家庭教育中，很少有不唠叨的妈妈，同样，也很少有喜欢听妈妈唠叨的孩子。不过，很少有唠叨的妈妈觉得自己唠叨，她们都认为自己只是在履行作为家长的职责，在对孩子进行家庭教育而已，自己对孩子说教，对孩子进行家庭教育，怎么变成唠叨了？孩子不领情就算了，还跟自己对着干是什么意思？唠叨对孩子的成长一般都会产生一些负面影响，如果家长在家庭教育中对孩子进行过多的唠叨，不但不能起到家庭教育的效果，反而会让孩子越来越难以管教。

不得不说，家庭教育中，唠叨是一种畸形的爱。许多父母为了孩子，可以说是"鞠躬尽瘁"，真是可怜天下父母心！他们心甘情愿为孩子吃苦受累，可惜唠叨只是费力不讨好的做法。另外，幼小孩子由于认知问题，很难理解家长的关心。所以，家长遇到

建立优质的亲子关系

孩子的问题，与其不停地唠叨，远不如用事实和行动来说服和教育孩子，反而效果会更好。

在孩子小的时候，由于他们什么都不会，父母对孩子事无巨细地照顾，哪怕是不停地嘱咐也是应该的。但当孩子逐渐长大，他们不再是小不点了，此时家长再对孩子已掌握的能力或他们想尝试的行为不厌其烦地说教，孩子必然不愿意听。所以，家长该放手时要放手，千万别唠叨。

如果父母缺乏安全感，或是一个自卑和不自信的人，其生活的满意度必然较低，他们为了自己的社会价值，往往会借助品牌物质和炫耀孩子，以获得他人的关注和赞许。于是，这些父母会要求孩子做到自己都做不到的事情，而孩子难以完成时，就开始无休止地评论、比较，甚至是抱怨、诉苦，以期孩子能够达标。

每当孩子出现某些问题，家长既没有原则和界限，又舍不得按照事先约定惩罚孩子，或完全不知道应该如何去解决，只好学习祥林嫂，不停地唠叨了。一般孩子对最初几次的唠叨，还是能听进去一部分的，家长就感觉管用，继续使用，可这无疑是饮鸩止渴。

唠叨时父母有太多的惯性思维，没有耐心倾听孩子说话。每当孩子出现这样或那样的问题，家长总是按照成人的处世原则来判断孩子的对错,完全忽视孩子的发展特点。所以,只看结果的做法,不仅会用自己的话打断孩子的话,还认为孩子是狡辩。这直接导致孩子对父母失去信任,并使孩子自尊心受到伤害,严重的会自我封闭,不再和家长说任何事情。

因此,唠唠叨叨的父母,必然会把孩子推得更远。

减少唠叨,用行动督促

当妈妈唠叨到一定程度的时候就该意识到越唠叨反而越没用,是到了该改变的时候了。既然知道孩子正在因为自己的唠叨不耐烦,就不要再去触碰孩子小小的心理防线了,催促的方式有很多种,不必纠结于唠叨。举个例子吧,如果孩子总是忘记时间,那就加强孩子的时间观念,多在孩子面前放置钟表,给孩子买块手表也是个不错的方法,孩子更加乐于接受。如果孩子总是忘记整理东西,那就把抹布给孩子放到桌上,孩子总会看到的,这样提醒得多了,孩子总会去做的。

建立优质的亲子关系

提前做好打算

其实妈妈唠叨孩子的时候就已经意识到了问题的存在,如果孩子的自控力真的不是那么好,妈妈不妨提前给孩子做好打算,或者是让孩子做好打算,也不必去过多唠叨,提前把损失降到最低,不失为一个好方法。让孩子提前做打算的原因也是希望孩子在真的遇到麻烦时能够有一个应对的方法。

用诱导的方式催促

孩子是最容易受到诱导的一类人群,我们用"硬"的方式行不通的时候就要考虑一下用"软"的,给孩子一点引诱,孩子会不自觉向妈妈说的靠拢,相比于唠叨,孩子更愿意接受。有时候催促反而让孩子对这件事更加不以为意,或是排斥,当妈妈发现孩子是这种情况的时候,就更要用这种方式去尝试了。等孩子慢慢行动起来了，往后不用我们再说，孩子也会主动行动起来了。

让孩子看到后果

有时候我们光嘴上说孩子看不到事情的严重性，不知道后果怎样，很容易就不放在心上，何况孩子做事本来就容易冲动不考虑后果。举个小例子，比如孩子总是把自己的书包乱丢，玩完之后就忘了，这就需要妈妈给孩子一个"教训"，第二天也不要帮孩子到处找书包，不给他提供帮助他才会长记性，他真的找不着急了，下次自然不会乱丢了。

很多妈妈唠叨也是因为爱孩子而不舍得让孩子受苦、犯错，但是还是要用一些小方法让孩子记住，否则唠叨完了也没用，还会让孩子产生叛逆心理。

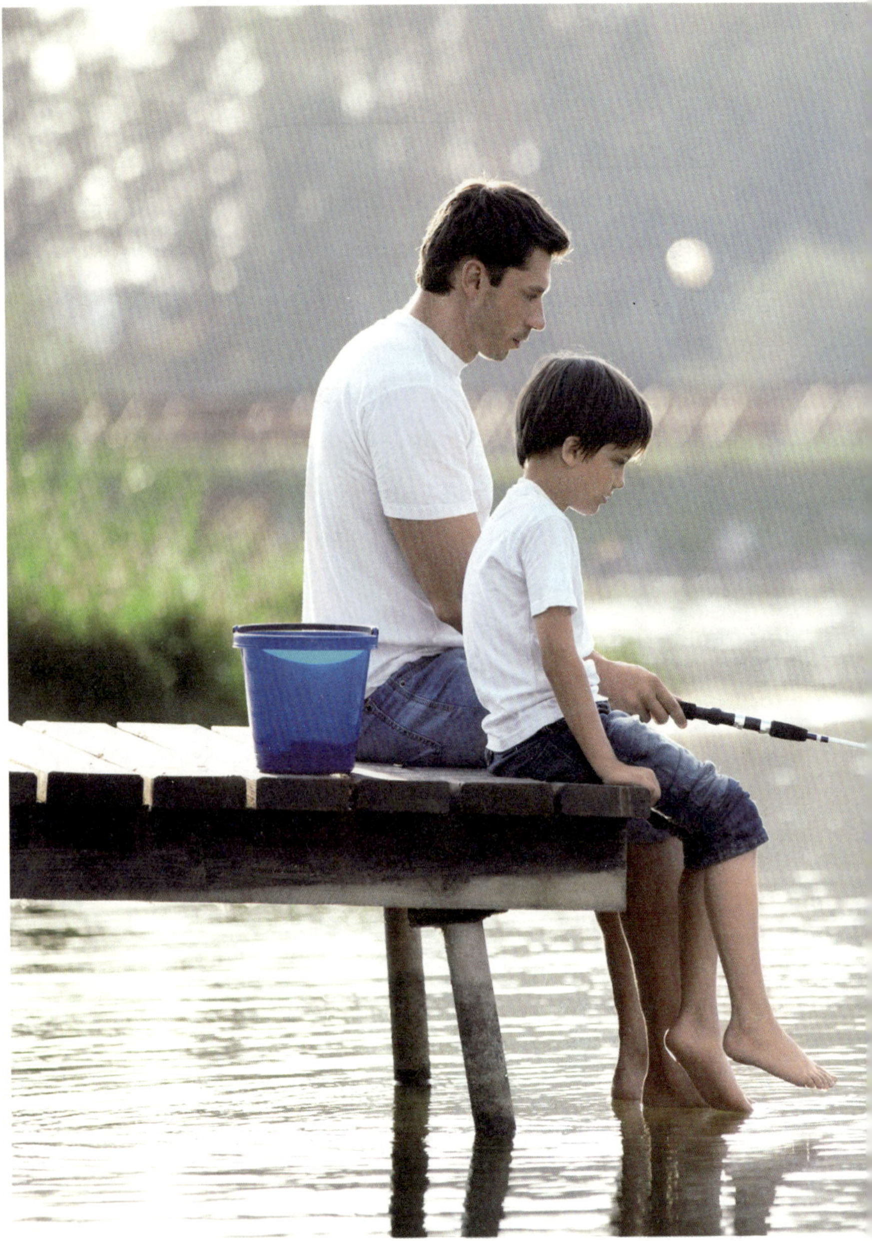

第五章

父亲的爱，不可替代

"父爱不可缺少，也不可替代。"父亲的陪伴是孩子生命历程中不可或缺的一部分，每个孩子从面对这个世界开始，对父爱的需求是日渐增加的，父亲对孩子的成长有着难以估量的影响。父爱关系着孩子个性品质的形成，在他们成长中，缺少父爱就如同缺钙。父亲是力量的代表，是强大的依靠，是年幼孩子心目中的英雄。

建立优质的亲子关系

父爱是亲子教育的重要力量

著名心理学家格尔迪说:"父亲是一种奇特的存在,对造就孩子有一种特别的力量。"英国著名文学家哈伯特也说过:"一个父亲赛过一百个校长。"从做父亲的那一天起,这就是一个毕生职业,一个好爸爸,会学习怎样教育孩子、怎样爱孩子,用浓浓的父爱,为孩子撑起澄澈的蓝天,让孩子拥有灿烂的人生。

也许爸爸工作忙碌,照顾孩子的总是妈妈;兴许爸爸应酬太多,陪孩子游玩的大多是妈妈;也许爸爸总在加班,孩子一天都跟爸爸碰不着面……但孩子需要的,不仅仅是爸爸口袋里的钞票。除了物质之外,父亲对孩子究竟还有多少影响力?

对孩子智能的增进作用

研究发现：孩子智能发展的高下与和父亲接触的密切水平息息相关。心理学家麦克·闵尼指出：一天中，与父亲接触不少于2小时的孩子，比那些一周以内接触父亲不到6小时的孩子，智商更高。更有趣的是，研究还发现，父亲对女孩子的影响力要大于对男孩子的影响力，与父亲密切相处的女儿数学成绩更佳。一个智慧型的父亲，能用自己的智慧启发孩子终生。

对孩子身心健康的影响

美国的一项考察显示：即便是尚处于迷糊状况的婴儿，他也会由于缺少父爱而涌现烦躁不安、食欲减退、抑郁易怒等"父爱缺乏综合征"的典范症状。缺乏父爱的孩子年纪越小，罹患综合征的危险越大。双亲均在、但缺乏父爱的家庭中长大的孩子患"父爱缺乏综合征"的可能性更大。少时患综合征的孩子，中学辍学率高2倍，犯罪率高2倍，女孩长大后成为独身母亲的可能性高出3倍。在没有爸爸的家庭中，孩子情感变化较剧烈，长大后情绪较激动，有较多的差错行为和反社会行为，缺乏自我把持能力，有较偏激的人格特征。

孩子重要的游戏搭档

随着宝宝一天天长大，他的独立性和生活处置能力逐渐增强，已不再满足于母亲所在的交往方式和生活圈子。这时，父亲就会成为孩子重要的游戏伙伴，孩子会从中学到很多不同于与母亲交往时的方式。如父亲会更多地通过游戏和孩子来往，而一旦游戏停止，父亲能很快转移情绪，这让孩子觉得非常新颖，也有利于

建立优质的亲子关系

孩子体会应该在什么时候抑制自己过多的情绪要求。所以,那些过分忙于工作的父亲,那些认为"照顾孩子与父亲无关"的父亲,那些埋怨没时间教孩子的父亲,请抽出一些和孩子游戏的时间吧。

带给孩子成就感

心理学研究证明,爸爸对孩子的影响是多方面的,例如,在孩子造诣感的构成过程中,爸爸对孩子的影响要比其他人大得多。有人比较了社会上有成就和无成就的人,发现人的成就大小与父子关系有密切关系。有成就者通常与爸爸的关系密切;成绩较低者与爸爸的关系较疏远。孩子在学校的学习成绩以及社会才能也与父子关系有关:父子关系冷漠,则孩子在数学方面的成就较低,在人际关系中有不安全感,自尊心较低,常表现为焦急不安,不轻易和别人友爱相处。

爸爸是男孩模拟的对象

传统观点以为,妈妈是孩子的重要养育者,事实上,父亲和孩子之间树立的良好关联,其作用比人们的想象大得多,男孩和女孩能够从爸爸身上学到不同的能力。咱们常说:"这孩子跟他爸爸儿乎是一个模子里刻出来的,举手投足都完全相同。"爸爸往往是力气、威望、智慧的化身,

爸爸的行动在潜移默化地影响着男孩，他能从爸爸的身上学到男性的一些行为特点。曾经有一个男孩子，他爸爸一周回家一次，平时都是由温柔体贴的妈妈照料，孩子上学后，不敢和男孩玩，总爱和女孩一起玩，甚至笑的时候都捂着嘴。如果成长过程中缺乏爸爸的关怀，男孩也会女孩化，胆小、脆弱，没有阳刚之气，男孩的男性行为特征就逐渐弱化了。

爸爸是女孩依附的港湾

我们常说："女儿是贴心的小棉袄。"女孩子温柔、体贴、善解人意。爸爸的高大伟岸会给女儿带来安全感，是女儿的自豪，也会成为女儿未来择偶的参照尺度。但如果爸爸总没时间陪女儿、和女儿交流以及懂得女儿的内心，恐怕这"小棉袄"就没法贴心了。尤其女儿到了青春期，有些一筹莫展的爸爸就从女儿的生活中撤了出来，把女儿完全交给妈妈，这其实并不利于女儿的成长。

建立优质的亲子关系

父亲别轻易缺席

古语说：养不教，父之过。但在现在的社会中，有些父亲没能成为教育孩子的重要角色，在家庭关系中沦为影子式父亲。美国前总统奥巴马在一次父亲节演讲时说："父爱缺失在孩子心中留下的空洞，任何政府都无力填补。"他提醒每一位父亲：无论工作多忙，都要抽时间来陪伴和教育孩子。

眼下，"钟点爸爸"作为新词语亮相"百度词条"。据说，"钟点爸爸"提供的是"租爸"服务，租来的"钟点爸爸"主要负责接送孩子，陪孩子聊天、游戏和锻炼。这个新词语像一面镜子，映照出"父教"缺失的尴尬现实。

许多男人，尚未拟好明确的家庭责任清单，就被生活的脚步裹挟着，近乎盲目地完成了身份转变，成为妻子的老公、孩子的爸爸。然而，男人大多没有先天的动力快速完成角色转变，总是定位"延时"。孩子出生后，年轻的爸爸主动或被动地成了家庭中的隐形人，爸爸沦为一个模糊的标签，而妈妈在家庭教育上似乎有天然的主宰性，甚至大肆侵略了"父教"的领地。在有些家庭中，妈妈与孩子成为一体，爸爸更似一个"第三者"，成为"隐形爸爸"。

"隐形爸爸"一般有两种特征：

一是"黑脸爸爸"。他们平时对孩子陪伴少、管教少，没有和孩子建立起亲密关系，只有当孩子犯了错误时才偶尔现身，"电闪雷鸣"、声色俱厉地列数孩子的罪状，从神态、动作到言语，无不汹涌着恨铁不成钢的愤懑。《红楼梦》里的贾政便是这样一位令人焦灼的爸爸，他对宝玉不可谓爱之不深，但这份深情总是被他的"黑脸"屏蔽了。宝玉在贾政面前只有透不过气的压抑，只有垂手而立的恭敬。子见父，如同鼠见猫；父见子，动辄便要训斥一番。这种缺乏亲密关系的教育批评只会让孩子惧怕和反感，不仅对孩子形成不了正面教育，反而会进一步加深和孩子的疏离感，最终撕裂的是孩子的人格。孩子在爸爸面前俯首帖耳，一旦离开了爸爸的视线，就摇身变为"混世魔王"。

二是"面团爸爸"。他们在家庭教育上偷懒怕事，处处嫌麻烦，躲在强势妈妈的背后甘当"甩手掌柜"。一次宴会上，一位年轻的妈妈在酒桌上与人推杯交谈，让孩子爸暂时照看一儿一女，那位年轻的"面团爸爸"显然不能胜任，憋红了脸东冲西撞地追赶着两个肆意玩耍的孩子,无果,低声愤愤道:"回头告诉妈妈去。"这样的爸爸,不习惯承担爸爸的责任,把批评教育这种"唱白脸"的活计全撂给妈妈。他又如何帮助孩子明是非、定三观?如何在孩子面前树立权威、制定规则、展示力量?这种"严母隐父"式教育,极易让男孩的性别认同弱化,进而发展成懦弱顺从、遇事缺乏主见的"妈宝男";又极易使女孩在未来的两性关系中变得和母亲一样强势,影响再生家庭的和谐。

其实,在亲子关系和教育上,每个爸爸都有一座值得开采的"富矿"。相对于母教而言,父教拥有独特的天然优势。在原始社会,爸爸带孩子出门打猎时,便无意中帮孩子撞开了探索世界的大门。现代社会,爸爸要在日常生活中教会男孩如何对抗权威,教会女孩怎样和男性相处,带给孩子更多的勇气、力量、坚毅和豁达。

爸爸在教育孩子上每每能出奇制胜,看似不按常理出牌,却可以产生奇效。学生时代的马云曾是好打架斗殴的不羁野马,除英语外,各门功课一片"惨景"。某次,马云在爸爸唠叨时以英语顶嘴,爸爸居然大喜,鼓励儿子:"你好好学英语,学到能随心所欲地讲,随心所欲地骂。"并骑着自行车带孩子去杭州西湖边用新学的英语和老外对话。爸爸像一把铁锹，一天一小铲，挖出了马云的闪光点，最终成就了商业巨人马云。

许多成功人士的背后，都站着一位伟大的、独特的爸爸——带着16岁的林徽因游历欧洲的林长民以及和九名子女坚持长期通信的梁启超……他们皆以独特的方式为孩子的成长指点迷津，教会孩子做人处世的方式，培养孩子立心立世的生活智慧，帮孩子的未来谋篇布局。

要走出"丧偶式教育"的状态，激发父教的潜能，除了爸爸要付出努力之外，妈妈更要想办法先改变。

首先，妈妈们要割裂与孩子亲密无间、排他式的关系。妈妈要明白这样一个道理——夫妻关系永远在亲子关系之上；只有良好的夫妻关系，才可能有良好的亲子关系。

其次，妈妈要想办法创设环境，让爸爸参与到教育孩子中来。经常把接送孩子的机会让给爸爸。躲到房间里"追剧"，把客厅

建立优质的亲子关系

留给孩子和爸爸独处。周末解放自己,约闺密逛街休闲,把厨房交给他们捣鼓,回来为他们的"杰作"点赞。私下提醒孩子爸:家庭生活中,一定要放下手机,放开工作,静下心来和孩子聊天,面对孩子五花八门的问题,不要搪塞和敷衍,一定要认认真真地思考,郑重回答。订阅家教类的刊物,鼓励孩子爸定期阅读,以汲取丰富的育儿资源。每个周末和孩子爸探讨一次育儿心得或孩子的成长动态……

一个智慧的妈妈,应懂得适时隐退,将亲子教育的半壁河山归还给孩子爸;还应懂得适当现身,以母教协助父教,最大限度地完善亲子关系。

爸爸带娃，娃不仅"活着"，还更聪明

相关数据显示，在55.8%的家庭中，妈妈是陪伴孩子的主力。爸爸妈妈陪伴一样多的家庭占16.5%，而爸爸陪伴较多的家庭仅占12.6%。同时，爸爸在工作日陪伴时间为2.9小时，在周末为7.7小时，远低于妈妈的4.6小时与10.9小时。从数据上不难看出，爸爸们陪伴孩子的时间确实不及妈妈们，也难怪妈妈们要抱怨了。

不过，根据耶鲁大学一项持续12年的研究表明，由父亲带大的孩子智商高，他们在学校里的成绩往往更好，走向社会也更容易成功。这是因为男性身上有很多女性所不具备的特点，可以

建立优质的亲子关系

通过互动传承给孩子,对孩子的成长大有裨益。

英国纽卡斯尔大学也曾做了一个人口特性分析研究,对11000名同时期出生的50岁英国人进行了调查,发现了一个很高的相关性,那就是童年时期父亲参与多的人智商会更高。研究指出,不管父亲本人拥有什么地位,或者是智商财富等,只要是在孩子的童年多加陪伴,就会对孩子的智商发展有影响,而且这样的影响可以长达几十年。

从这两个比较国际化的研究数据上来看,老爸带娃,娃不仅"活着",而且还更聪明,将来更容易成功。孩子聪明,是要从很多方面去综合考量评定的,父母是孩子最好的老师,孩子的一切多从父母身上习得,纵然妈妈身上有很多优秀品质值得孩子学习,但是爸爸独有的一些特点,是能够对孩子产生很长远的影响的,而这些东西是很难从妈妈身上体现出来的。

爸爸带娃,孩子爱运动

虽然运动不分男女,爸爸能做的运动基本上妈妈也能做,并且可能做得更好。但是现实的10个家庭中,恐怕有9个家庭的妈妈都不会喜欢去做一些强度比较大、比较刺激的运动,比如足球、篮球、攀岩、越野、跳伞、冲浪等,而这些恰恰是很多爸爸们喜欢甚至擅长的。所以,爸爸带出来的孩子,可以肆意畅快地在绿茵球场上挥汗如雨,可以在崎岖蜿蜒的山路上纵横驰骋,也可以在波涛汹涌的大海里扬帆远航,在浩渺无边的蓝天上自由翱翔。这些是很多妈妈无法代替爸爸去做到的。《摔跤吧!爸爸》

这部电影,应该很多人都看过,但是很多人都不知道的是,这部电影是以印度一位带出三个世界冠军的父亲为原型创作的。爸爸马哈维亚曾经是摔跤运动员,然后就带着四个女儿练习摔跤,最后其中三个孩子拿到世界冠军,这就是爸爸带孩子运动的力量。

孩子喜欢运动,不仅能强健自己的体魄、丰富自己的交友圈子,更能释放心中的烦闷和压抑。爱运动的孩子,身上随时都充满阳光活力,从运动中习得的拼搏精神,更是令孩子懂得什么是坚韧与付出、失败与成功。

爸爸带娃,孩子更自信大气

相较于妈妈的面面俱到、小心翼翼和唠唠叨叨,爸爸通常比较"狠心"。孩子偶尔的小磕小碰,爸爸经常是不以为然的,更不会去把孩子抱起来,不停地安慰或者批评孩子。孩子的玩具被别的小朋友抢走了哇哇大哭,爸爸也只是轻描淡写一句"男子

⭐ 建立优质的亲子关系

汉,不哭了,爸爸重新再给你买一个。"

在大多数情况下,爸爸都会跟孩子说:"小事小事,没什么,大不了我们从头再来。"这就是爸爸,他们不愿意为了一些鸡毛蒜皮的事浪费时间,更不会为了"仨瓜俩枣"而锱铢必较。爸爸们处理事情简、平、快,干净利落,从不拖泥带水。《爸爸去哪儿》里面让人印象深刻的萌宝有很多,是黄磊女儿多多,应该是最自信大气的一个,虽然是"星二代",并没有娇生惯养的痕迹,遇事不慌乱、大方得体。而这些都与多爸黄磊的教导和影响有关。孩子经常看到爸爸处理事情的风格,不自觉就会受到影响,养成独立自信、胸怀宽广、大气随和的良好品质。

爸爸带娃,孩子逻辑和抽象思维更强

众所周知,女性是不擅长逻辑和抽象思维的,这点从众多女性身上得到过验证,尤其是恋爱和婚姻中的女性,经常被男性们冠以"逻辑黑洞"的称号。而爸爸们在逻辑和抽象思维能力上强过妈妈太多。遇到事情时,爸爸们可以把一件事情的前因后果理得很清楚,而妈妈们只在意事情的结果和感受。出去玩时,爸爸可以提前做好旅行中每一天的安排计划，而妈妈根本没考虑，哪里风景漂亮适合拍照就在哪里停留……

孩子上学后，爸爸们的逻辑和抽象思维能力更能得到充分体现，很多关于理工科类的题目，明显爸爸比妈妈更擅长，更有助于辅导孩子学习，提升孩子的综合能力。

爸爸带娃，孩子动手能力更强

爸爸们天生就是机械"专家"，家里面玩具车坏了，找爸爸；电脑坏了，找爸爸；儿子想在院子里搭个秋千，找爸爸；女儿想要个粉粉的公主房，找爸爸……爸爸们一般不会像妈妈们一样爱唠叨，遇到事情，更喜欢用实际行动去解决，直接行动起来。

经常看到爸爸鼓励孩子"拆家"，只要是爸爸带娃，那基本上家里小到玩具大到各种家用电器都会被孩子拆一遍，然后爸爸看着满地零件，还称赞孩子做得好，再陪孩子一起把零件组装起来，恢复原样。

建立优质的亲子关系

前苏联著名教育学家苏霍姆林斯基早就说过:"儿童的智力在他的手指尖上。"在爸爸的影响下,动手能力强的孩子,可以获取更多的外部信息,这些信息能促使大脑积极活动,促进孩子的大脑发育,从而使孩子更加聪明。在家庭里面,爸爸是儿子的第一个偶像,儿子长大后,身上都是爸爸的影子。爸爸也是女儿生命中接触的第一个男性形象,她对男性的认知和期待都会源于爸爸,连美国儿童心理学博士陈鲁都说:"父亲是对女儿最有影响力的男人"。

不管是女儿还是儿子,爸爸在家庭中的角色是不可或缺、非常重要的。爸爸多抽时间带孩子,孩子就会更爱运动、更自信大气,逻辑和抽象思维能力以及动手能力也更强,这些综合到一起,就会让孩子变得更加聪明。

爸爸如何和孩子建立良好关系

许多爸爸都会对伴侣说这样的话:"你要好好教育我们的宝宝,我负责给你们挣钱花。"给予了足够的物质前提,就是建立了良好的亲子关系吗?当然不是,物质并不是接洽亲子关系的有效纽带,那爸爸要怎么跟孩子建立良好的亲子关系呢?

从小开始

前几个月至关重要,特别是第5个月的时候,这时是宝宝熟悉面孔辨认力发展的阶段,爸爸一定要常常在宝宝的身边,这样成为宝宝的熟悉面貌,就建立了当前能跟宝宝很好互动的基本。如果错过了这个时期,那就需要多花些时间跟心力在宝宝的身上以弥补那些错过的时间。

多和孩子互动

宝宝匆匆长大后,如开始学走路了、会跑会跳了的时候,爸爸要多跟宝宝互动,个别来说,这是父亲的强项,不妨多和孩子进行跑、跳、爬、攀等活动性游戏以及智能游戏。如果父亲能多参加孩子猜谜语、讲故事、走迷宫、搭积木等启智性游戏,那么给孩子播下的成长的种子就更多。还有竞赛性活动也不错,如赛跑、捉迷藏等,孩子可从中获得胜利的喜悦。

注重和孩子相处的"质"

爸爸与孩子在一起的时候,不但要有"量"(时间、机遇),更要重视"质"(能促进父子间更深层次的情感,积聚快乐的回想)。父亲应该刻意部署一些时间,精心设计如何与孩子一起度过,让父子间的"储爱槽"充盈起来。

和孩子建立平等的关系

父亲与孩子的关系不应该只是父亲的率领,而是两个人互相搀扶。有的父亲形象总是至高无上,孩子不是你的附属物,他是一个独立的个体,和父亲是互相依赖、互相配合的关系。父亲应该学着放下身段,站在和孩子平视的角度,把孩子当作自己的朋友来相处,如此才能"看见"孩子内心真正的渴求,与孩子也会有更真挚的交流,更利于建立坚固而亲密的亲子感情。